# 农村信息化
# 对农户收入的影响研究

朱秋博◎著

NONGCUN XINXIHUA

DUI NONGHU SHOURU DE YINGXIANG YANJIU

中国财经出版传媒集团

经济科学出版社

Economic Science Press

·北京·

图书在版编目（CIP）数据

农村信息化对农户收入的影响研究 / 朱秋博著.
北京：经济科学出版社，2024. 8. -- ISBN 978 - 7 - 5218 - 6211 - 9

Ⅰ. F32
中国国家版本馆 CIP 数据核字第 2024BP3449 号

责任编辑：汪武静
责任校对：孙　晨　王肖楠
责任印制：邱　天

农村信息化对农户收入的影响研究
NONGCUN XINXIHUA DUI NONGHU SHOURU DE YINGXIANG YANJIU

朱秋博　著
经济科学出版社出版、发行　新华书店经销
社址：北京市海淀区阜成路甲 28 号　邮编：100142
总编部电话：010 - 88191217　发行部电话：010 - 88191522
网址：www. esp. com. cn
电子邮箱：esp@ esp. com. cn
天猫网店：经济科学出版社旗舰店
网址：http://jjkxcbs. tmall. com
固安华明印业有限公司印装
710×1000　16 开　13.75 印张　200000 字
2024 年 8 月第 1 版　2024 年 8 月第 1 次印刷
ISBN 978 - 7 - 5218 - 6211 - 9　定价：59.00 元
（图书出现印装问题，本社负责调换。电话：010 - 88191545）
（版权所有　侵权必究　打击盗版　举报热线：010 - 88191661
QQ：2242791300　营销中心电话：010 - 88191537
电子邮箱：dbts@ esp. com. cn）

　　本书感谢国家自然科学基金（批准号 72303164、72333003）、首都经济贸易大学新入职青年教师科研启动基金（项目编号 XRZ2024040，批准号 00492454411181）、"中国农业大学 2115 人才工程"项目和首都经济贸易大学经济学院的资助，感谢中国农业大学经济管理学院白军飞教授、朱晨教授、陈祁晖教授、郑志浩教授的指导和帮助。

让农民收入持续稳定增长，在农村地区缩小收入差距，是促进乡村振兴的重要前提，更是建设社会主义的本质要求。改革开放以来，我国农民收入经历了四十多年的快速增长，但目前仍面临两大难题：一是农民增收传统动能乏力；二是农村内部收入差距仍然较大。为解决好农民收入问题，党和政府在 21 世纪以来做了大量努力，特别是在关乎农村与外界联通的农村信息化建设上投资巨大。那么，信息化到底能否对农民收入持续增长发挥积极的作用？在缩小农村地区收入差距方面，信息化又是否可以避免"数字鸿沟"的"魔咒"？如何才能使得低收入水平的小农户在信息化发展过程中同样享受"信息红利"？一些最新的信息技术应用（如短视频等）对农户又会产生怎样的影响？对这些问题进行量化研究，探索我国农村信息化建设在"增收"和"缩差"中的作用，不仅对于促进农民由"生活宽裕"向"生活富裕"提升以及到 2050 年实现乡村全面振兴具有重要意义，还能够为政府进一步推进农村信息化建设提供理论依据和有益参考。

为回答上述问题，本书基于 2003～2016 年全国农村固定观察点数据和信息化补充追踪调查数据①，运用匹配倍差法、工具变

---

① 本书数据时期涵盖了中国农村信息化的快速发展阶段。受政策实施影响，在 2003 年之前，农村信息工程覆盖率和普及率过低，而 2016 年之后又过高，样本年份以外信息化变量的变异程度较小，不利于识别其影响。而刚好在此期间，村庄信息工程建设处于快速发展阶段，有助于本书稳健地检验信息化对农户收入的影响。

量法、分位数回归法等研究手机信号、互联网和移动网络等信息工程对农户收入及收入差距的影响。主要研究内容包括：（1）从理论上深入分析和探讨信息化在促进农户增收、缩小收入差距上的作用机理；（2）对农户收入结构进行分解，从微观农户视角探究农村信息化对农户不同收入的影响，以及信息技术进步对农户收入的动态影响和信息化的持续增收效应；（3）从农业投入产出角度系统分析农村信息化对农户收入的影响途径；（4）从农业全要素生产率角度进一步探究农村信息化对农户收入的影响途径；（5）实证检验农村信息化对农户收入差距的影响和农户异质性分析；（6）以短视频应用为例，分析信息技术使用对农村居民身体健康、生产劳动等方面的影响，以从微观个体层面进一步补充信息化对农户收入差距的影响机制。

本书的研究发现：（1）总体上，农村信息化对农户总收入和工资性收入具有显著正向影响，对农业收入具有显著负向影响。（2）农村信息化对农户收入的影响呈现动态变化，信息技术的不断进步对农户总收入呈现了从无影响到正向影响的变化，主要原因是信息化对农户工资性收入增长具有促进作用，但对农业收入呈现出了由负向影响到无影响的转变，且信息化对农户总增收效应随着其对农业收入负向影响的减弱不断增强，具有较大持续性和正向累积效应。（3）农村信息化通过为农户提供大量非农信息，促进了农村劳动力非农转移，减少了农户的农业劳动时间和资本投入，从而在短期内使得小农户的粮食总产出和农业总收入减少；但信息化同时帮助农户优化农业资源配置，逐渐提高了农户的投入要素使用效率和粮食单产，长期来看则有助于提高农业生产效率和农业收入。（4）农村信息化有助于农户农业全要素生产率和技术效率的增长，促进农业生产提质增效，为破解我国农业未来"怎么种地"等现实难题提供了有效途径。（5）农村信息化加剧了农村内部收入差距，这种影响主要表现在我国发展较快的东部地区。（6）农村信息化对农户收入的影响因不同农户特征存在一定差异，信息化对受教育水平越高、年龄越小农户的收入促进作用越大，存在信息利用"鸿沟"，但信息和道路的互联互通在提高农户收入上显示出一定互补性。（7）如短视频等信息技术对农村居民是一把"双刃剑"，一方面通过为农户提供有益信息促进了其非农劳动时间的增加，带来了数字红利，但这一红利作用仅体现在日均用时 0.5 小时以内的农户群体中；另一方面，如信息技术应用长时间的静态使用行为增加了农户患超重、肥胖的风险，危害其身体健康，尤其对日均用时多于 2 小时农户的生产劳动（农业、非农劳动时间）和身体健康产生了较为严重的双重危害，不利于农户之间收入差距的缩小。

基于以上研究结论，本书具有针对性地提出以下政策建议：第一，继续推进信息化基础设施建设升级，为农户持续增收做好信息化基础设施保障；第二，加快农业生产环节信息技术普及和应用，利用信息化带领农业生产提质增效；第三，发展适度规模经营，助推农业信息技术更高效地转化为生产力；第四，警惕信息化过程中的"数字鸿沟"，也就是信息化加剧农村内部收入差距问题，加强农民信息技能培训、培养农村信息的带头人有助于减弱这种负面影响；第五，未来应高度警惕短视频等一些信息技术应用对农村居民的潜在危害，避免其发展成为信息时代的"精神鸦片"。

目

录

Contents

# 导 论

## 1.1 选题背景与意义

### 1.1.1 选题背景

21 世纪初期以来，我国大力加强农村信息基础设施建设，推动信息化发展。2005 年，中央首次在一号文件《中共中央 国务院关于进一步加强农村工作提高农业综合生产能力若干政策的意见》中明确提出有关农村信息化方面的问题，随后多个"一号文件"均指出要不断完善和健全我国农村信息化建设，"村村通""宽带下乡""信息进村入户""数字乡村"等信息工程陆续在我国农村地区实施。截至 2020 年，全国行政村通光纤和通 4G 比例均超过 98%，农村互联网普及率达到 55.9%，农村宽带用户总数达 1.42 亿户，5G 网络也加速向农村地区覆盖。① 除基础设施外，国务院、商务部和农业部等部门围绕"互联网 + 农业"、农产品电商、电商扶贫等重要领域提出了一系列推动农业农村信息化发展的重要举措。在党的十九

① 《"十四五"全国农业农村信息化发展规划》，农业农村部，2022，http：//www.moa.gov.cn/govpublic/SCYJJXXS/202203/t20220309_6391175.htm。

大报告提出乡村振兴战略后，中共中央办公厅、国务院办公厅又继而提出了"数字乡村"来作为乡村振兴的重要战略方向。截至 2020 年末，我国已经认定了 210 个全国农业农村信息化示范基地，建设了 81 个数字农业试点项目，带动了大数据、人工智能等新一代信息技术在"三农"领域的融合应用。[①] 可见，利用信息技术服务"三农"，引领、推动现代农业的发展以及促进农户持续增收是我国农村信息化发展的题中应有之义。

在我国农业农村工作重心转向全面推进乡村振兴的转换时期，"三农"面临着许多亟待解决的问题，迫切需要信息技术提供发展动力。目前，在资源、环境、市场等多重约束下，我国农业发展亟须转变农业资源利用和生产方式，迫切需要运用信息技术优化农业资源配置、提升农业资源利用效率和全要素生产率；对于农户来说，现阶段他们面临着农产品价格提升空间有限、转移就业增收空间收窄、持续增收难度加大等问题，[②] 迫切需要利用信息技术实现小农户与大市场的精准对接，并利用互联网以及电子商务平台来引领农户转变传统生产经营方式，实现就业增收。

农户收入问题作为乡村振兴的基础以及"三农"问题的重中之重，是我国农村信息化建设所要解决的首要问题。党的十九大报告提出的"乡村振兴战略"为新时代"三农"工作提供了总抓手，其中把"生活富裕"作为主要目标。2018 年中央一号文件《中共中央 国务院关于实施乡村振兴战略的意见》对乡村振兴战略作出了具体部署，提出到 2035 年共同富裕迈出坚实步伐，到 2050 年全面实现农业强、农村美、农民富，为农民增收提供了远景目标，也提出了艰巨的任务。改革开放以来，我国农户收入水平虽然经历了 40 年的快速增长，但目前总体仍滞后于城市地区，且面临着两大难题：一是农户收入持续增长乏力。特别是进入数字经济时代后，受自动化、人工智能等技术的影响，工业发展和城镇经济对农村劳动力的

① 《"十四五"全国农业农村信息化发展规划》，农业农村部，2022，http://www.moa.gov.cn/govpublic/SCYJJXXS/202203/t20220309_6391175.htm。

② 《"十三五"全国农业农村信息化发展规划》，农业农村部，2016，http://www.moa.gov.cn/ztzl/scdh/tzgg/201609/t20160901_5261667.htm。

吸纳能力降低，非农就业压力增大，加上农产品市场多年弱势运行，农户收入增长空间受到压制；二是农户收入差距仍然较大。2023 年，农村居民高收入户的人均可支配收入为 50136 元，低收入户的人均可支配收入为 5264 元，收入差额为 44872 元，比值高达 9.52 倍。① 这不仅加大了乡村治理的难度，也不利于社会稳定，影响农村经济社会深入发展，进而可能成为乡村振兴以及实现现代化的一大阻碍。因此，如何将现代信息技术贯穿于农业现代化建设的全过程，充分发挥其在促进农户持续增收和缩小收入差距中的作用显得尤其重要。

从经济学理论上讲，信息化发展对农户收入应该有正向影响。按照传统的西方经济学理论，如同市场经济中的企业，农户也会在特定的信息、技术、资源等约束条件下追求利润化，当信息搜索或使用成本较高时，农户会限制其信息搜寻行为，并在有限信息条件下做出生产和就业决策。这种行为对于预算约束较高的小农户而言，表现尤其如此。进而，这使得小农户在农产品交易和劳动力市场上常常成为价格的被动接受者。信息化发展则能够通过降低农户决策时的信息搜寻成本，使得农户有可能获取更多信息，优化资源配置，并有利于收入的增长。

然而，大量实证研究并不完全支持信息化促进农户收入增长的理论预期。一些研究认为信息化对农户收入具有正向作用，如高梦滔等（2008）、克洛纳和诺伦（Klonner and Nolen，2010）的研究表明，通信电话的使用对农户增收和降低贫困有着积极的作用；周洋和华语音（2017）发现互联网的使用显著提高了农村家庭的创业收入；陈学兵和刘一伟（2023）以及马等（Ma et al.，2022）等研究也发现了互联网等信息通信技术对农户增收的正向促进作用。但仍有部分研究认为信息化并没有起到促进农户增收的作用，如来自哥伦比亚的一个证据表明，如果用手机短信为农民提供市场和天气信息，在短时期内并没有使得农户家庭收入和支出显著提高（Camacho and Conover，2010）；刘生龙和周绍杰（2011）的研

---

① 国家统计局数据查询栏目，https://data.stats.gov.cn。

究结果也表明，我国农村地区通信基础设施的改善并未对农户收入增长形成显著促进作用，造成上述结果的原因可能是由于信息通信技术的使用具有一定"门槛效应"或"长期效应"。显然，信息通信技术的发展在为农民提供了大量信息的同时，似乎并没有像理论预期那样完全转化为农户的高收入（Aker et al., 2016）。

在信息化对收入差距的影响上，过去的研究绝大部分集中在城乡或地区之间的比较上，缺少对农村内部收入差距的关注。且在针对农村内部收入差距的研究中，现有研究从多个角度，如人力资本、物质资本、社会资本、政策和制度、区域发展水平等，提出了影响农户收入差距的因素（程名望等，2015），但是对农村信息化在其中所起的作用还缺乏足够的重视和应有的分析。在我国面向现代化发展的过程中，缩小农村内部收入差距对于平衡充分发展的实现至关重要，信息技术作为推动我国实现乡村振兴以及驱动农业现代化的先导力量，将深刻影响我国农村内部收入分配格局。

那么，信息化到底能否促进农户收入增长以及增收效应是否具有可持续性？对不同来源收入（如农业和非农收入）的影响是否相同？其中作用机制是什么？继而会对农业生产造成什么样的影响？在缩小农村地区收入差距方面，信息化发展是否可以避免"数字鸿沟"的"魔咒"？是哪些因素会导致不同农户之间可能存在的信息收益差异？怎样才能使得低收入水平的小农户在信息化发展过程中同样分享到"信息红利"？对这些问题的回答不仅对于破解我国"三农"难题、助推脱贫攻坚以及到2050年实现乡村全面振兴具有重要现实意义，还能够为政府进一步推进农村信息化建设提供理论依据和有益参考。因此，本书以农村信息化和乡村振兴战略为背景，基于信息经济学搜寻理论和基础设施溢出效应等理论，以手机信号、互联网和移动网络接通为例，使用全国农村固定观察点2003~2016年数据及其信息化补充追踪调查数据，实证分析信息化对农户收入及收入差距的影响及机制。其中，选取手机信号、互联网和移动网络三项信息工程的主要原因为手机信号和网络工程建设是农村信息化建设的基础，手机和网络同时也是农村居民获取信息的主要渠道，三项信息工程能够较全面地代表农村地区的信息基础设施建设情况，并呈现了信息技术进步的发展变迁，以更深入地衡量农村信息化对农户收入的影响。

### 1.1.2 选题意义

（1）理论意义。

现有研究关于信息化对农户收入影响的理论机制分析不足，本书借鉴信息经济学搜寻理论构建了信息化对农户收入影响的理论模型，并从劳动力转移和信息利用差异视角对信息化与农村内部收入差距之间的关系进行理论机制探讨。此外，基于基础设施溢出效应，从农业生产率视角进一步分析信息化对农户农业收入的影响机制。从而为信息化的影响研究提供理论依据，也为实证分析奠定微观理论基础。

（2）现实意义。

现有研究已经发现，有形的"硬"道路（道路交通）能够促进农民增收、缩小收入差距，但现代社会是信息社会，实现互联互通除了交通这一"硬道路"，更为重要的是另外一种"软道路"——信息通道。那么，作为无形的"软道路"，即信息化基础设施，能否在农村地区对农民收入增长、收入差距缩小方面像"硬道路"那样发挥积极的作用？对这一问题进行量化研究，探索农村信息化建设在"增收"和"缩差"中的作用，能够为缩小农村内部收入差距和缓解中国社会基本矛盾提供一定的实证论据，对促进农民由"生活宽裕"向"生活富裕"提升、走中国特色减贫之路、实现城乡人民共同富裕具有重要意义。

## 1.2 文献综述及述评

信息技术作为当今社会进步的助推器，与经济发展和收入增长息息相关。随着信息技术在全球的快速普及和发展，许多学者关注了信息化在促进经济、收入增长以及"三农"发展上的重要作用。接下来，本部分将围绕本书拟解决的关键问题，对过去几十年里国内外与信息通信技术应用和信息化相关的研究进行梳理和述评[①]，以便更加清晰地认识信息化对农户收入的影响及其可能的作用途径，从而为本书提供分析思路及方法上的借鉴。

### 1.2.1　信息化对经济增长的影响

信息化能够显著促进经济增长。信息化的发展给整个世界经济、社会带来了巨大的变化，成为了推动经济增长和社会进步的"助推器"（郑世林等，2014）。国内外许多学者都曾对信息通信技术等信息化发展对经济增长的作用进行理论和实证研究，其结果一致认为信息化的发展为经济增长作出了巨大的贡献（Roller and Waverman，2001；Waverman et al.，2005；刘宇，2010；Hardy，2011；张勇，2014）。

部分文献基于多个国家的面板数据探究了信息化对经济增长的影响。如诺顿（Norton，1992）选取了47个国家的数据进行检验，其结果表明电信基础设施能够显著减少交易成本，从而促进地区经济增长；罗勒和韦弗曼（Roller and Waverman，2001）、达塔和阿加瓦尔（Datta and Agarwal，2004）对经济合作与发展组织（organization for economic co-operation and development，OECD）国家进行了研究，均发现电信基础设施显著促进了这些国家的经济增长，但前者认为，OECD国家固定电话的普及率只有超过特定临界值时才会对经济增长具有显著影响；另外，基于宏观经济增长模型，马登和萨维奇（Madden and Savage，2000）的研究表明，转型国家中的电信基础设施在经济发展中起到了重要作用；马约拉诺和特斯恩

---

① 国外文献中主要使用 Information Communication Technology（ICT）的应用来研究信息技术普及的过程和作用，未见专门的"信息化"用词表述；而国内文献中则多出现"信息化"这个词语来表述信息技术的应用和普及。

（Maiorano and Stern，2007）使用 1990～2004 年 30 个中低收入国家数据的研究发现，移动通信基础设施对人均 GDP 的增长具有较大贡献。

另一部分文献利用时间序列方法，基于某一国家或地区，研究了信息化与经济增长之间的双向影响关系。以美国为例，克罗宁等（Cronin et al.，1991）和沃尔德鲁法埃尔（WoldeRufael，2007）的研究发现，美国的经济发展和电信基础设施投资之间呈现双向影响；约和快克（Yoo and Kwak，2004）、切斯利克和卡涅夫斯卡（Cieslik and Kaniewska，2004）对韩国和波兰的经验研究也发现，地区经济增长能够促进电信基础设施投资，反过来，电信基础设施建设也能够进一步拉动地区经济增长。

还有学者对发展中国家信息化发展与经济增长的关系进行研究。以中国为例，德米尔热（Demurger，2001）和丁等（Ding et al.，2008）分别基于中国 1985～1988 年和 1986～2002 年的省级数据，检验了电话普及率对经济和地区收入增长的影响，结果均表明，电信设施对经济发展具有显著的正向影响；罗雨泽等（2008）基于中国 2000～2005 年省级数据，估计了电信投资对经济增长的贡献，研究认为，电信基础设施对经济增长的边际影响高于其他基础设施投资；李和景（Li and Jing，2013）利用中国省级面板数据发现，互联网覆盖率与地区经济发展之间呈现显著正向关系；郑世林等（2014）的研究结果表明，中国的移动和固定电话基础设施在 1990～2010 年对经济增长具有显著影响，但中间存在拐点，虽然移动电话在 2000 年以后对经济增长仍然具有显著的正向影响，但其边际贡献在逐渐减弱；此外，也有个别研究发现信息化发展与经济增长的负向关系，例如，李曼等（Rehman et al.，2023）使用 1976～2019 年数据分析了信息通信技术对巴基斯坦经济增长的影响，结果发现，无论短期还是长期，信息通信技术对该国经济增长均产生了负面影响。

由此可见，学者们对于信息化能够促进经济发展这一观点大多持肯定态度。那么，作为整体经济发展的重要推动力，信息化也很可能成为支撑农业技术进步、促进农村经济发展和农户增收的重要途径（吴小凤，2009）。

### 1.2.2 信息化对农户收入的影响

从已有文献来看，信息化对于农户收入的影响并没有定论。一些研究认为信息对农户收入有正向作用，如高梦滔等（2008）研究了农户的信息服务利用率对农户收入和贫困发生率的影响，其结果显示信息服务对农户增收和降低贫困发生率有着积极的作用；基于 2014 年中国家庭追踪调查（CFPS）的数据，周洋和华语音（2017）实证检验了互联网对农户家庭创业的影响，发现互联网的使用对农户家庭的创业意愿具有促进作用，并显著提高了农户家庭的创业收入；陈学兵和刘一伟（2023）利用 2015 年中国综合状况调查数据分析了互联网对农户收入的影响，研究发现互联网使用显著提高了农户家庭总收入，且随着农户家庭收入水平的提高，互联网所发挥的正向作用呈现出"U"形走势；马等（Ma et al.，2022）的研究也发现，信息通信技术对农户收入具有显著的正向影响；但克朗纳与诺伦（Klonner and Nolen，2010）的研究结果表明，在整个样本中，手机对于农村居民平均收入没有显著影响，但对于孩子数量较少的家庭来说却有正向影响。

另一部分研究则认为信息化并没有起到增加收入的作用。例如，阿克尔等（Aker et al.，2016）发现，尽管许多研究证明信息通信技术为农户提供了大量的信息，却并没有转换为高产出和高利润；卡骄和康诺弗（Camacho and Conover，2010）在对短信服务（short message service，SMS）系统的研究中表明，该系统为农户所提供的市场和天气信息并没有使得农户家庭收入和支出显著提高；基于 1989 ~ 2006 年中国健康与营养调查（CHNS）数据，刘生龙和周绍杰（2011）从微观层面上检验了道路、通信和自来水等基础设施对我国农村居民收入增长的影响，在克服模型内生性问题之后发现，通信基础设施改善对我国农户收入增长并没有起到显著的促进作用。

## 1.2.3  信息化对农户收入的影响途径

上述关于信息化对农户收入影响的现有文献缺乏对农户收入结构的分解，以及信息化对农户收入作用机制的详细剖析。我国农户收入主要以农业收入和非农就业收入为主，因此，以下将从农业和非农就业两方面，对信息化对农户收入的可能影响途径进行系统梳理。

### 1. 信息化对农业的影响

信息化已经成为促进农业发展的重要途径。首先，手机和电脑等信息通信技术以及一些农业信息综合服务平台等能够传播农业信息，包括先进农业技术、天气、病虫灾害预警、农业生产知识以及农业市场信息等；其次，信息通信技术的使用能够显著帮助农户减少信息获取和信息交换成本（Aker，2011）。可见，与传统的方法相比，这些信息技术在有效的信息传播方面有独特的优势：内容丰富、传播速度快且成本低（Chen and Chen，2006；Feng，2007；Rang and Ma，2010；Deng，2011），能够使农户及时接收到高效的农业信息，从而重新进行资源配置（Zhu et al.，2023），做出更加优化的生产、收获、储存及市场等决策（Ali et al.，2023），为农村和农户的发展提供了新的机遇。

目前，关于信息化对农业影响的研究主要集中于对农产品市场效率和农业生产的影响，尽管已有研究普遍认为信息化对农业发展有着促进作用，但是针对不同国家、不同人群以及不同农产品等的研究结果仍然是不一致的。

（1）信息化对农产品市场效率的影响。

从理论上来看，信息化工具的使用能够通过降低信息搜寻成本而提高农村市场效率（Brown and Goolsbee，2000；Abraham，2007；Labonne and Chase，2009；Aker，2010；Goyal，2010；罗千峰和赵奇锋，2022）。传统经济理论假设市场参与者（农产品市场中指农户和收购商）有充足的信息做出最优的决定，而事实上，在基础设施条件较差、市场较分散的地方，信息不对称现象严重，农户和收购商均面临着较大的信息搜寻成本（Svensson and Yanagizawa，2009）。因此，不完全信息不仅会影响农户的最优决策，还会使得市场之间的农产品价格存在差异，从而导致市场非效率（Jensen，2007；Aker，2010；Conley and Udry，2010；Maertens and Barrett，2013），而信息化的发展能够有效减少市场参与者的信息搜寻成本。根据信息经济学的经典搜寻理论，信息搜寻成本的降低可以增加空间套利机会，从而进一步减少均衡价格分散并提高市场效率（Reinganum，1979；Aker and Mbiti，2011）。

在实证检验中，实证研究主要集中于信息通信技术对农户农产品收购价格、生产成本的影响（Nakasone et al.，2014；Aker and Blumenstock，2015；罗千峰和赵奇锋，2022），以及对农户与收购商讨价还价和谈判能力的影响（Svensson and Yanagizawa，2009；Fafchamps and Minten，2012；Nakasone et al.，2014）。一部分学者发现了积极的影响，如塔克和阿克尔（Tack and Aker，2014）以斯蒂格勒（Stigler，1961）的搜寻理论为基础，研究了信息搜寻行为与农户最优价格之间的关系，结果表明，由手机带来的信息搜寻成本降低提高了农户的保留价格以及交易市场的咨询数量，降低了市场之间的价格离散；詹森（Jensen，2007）在对印度南部渔业市场及渔民福利的研究中表明，手机的使用可以方便渔民在市场上找到更多的买主并实现套利，减少了未售鲜鱼带来的经济损失，从而提高了渔民利润，同时使得市场上的鱼价开始趋向集中；阿克尔和姆比蒂（Aker and Mbiti，2011）对2001~2006年尼泊尔的粮食市场进行了研究，结果发现，手机的普及减少了市场信息的不对称，提高了粮食市场效率，从而使得市场中粮食价格的离散程度下降了10%；伯勒尔和奥格拉（Burrell and Oreglia，2015）发现信息通信技术的使用使得农户可以及时联系买家以及冷链系统，有效避免了易腐产品（鱼）因滞销而造成的浪费；斯文森和亚纳吉拉瓦（Svensson and Yanagizawa，2009）对乌干达市场信息系统（Market Information System）进行研究，他们的结果表明，通过 MIS 接收到市场价格信息农户的收购价格提高了 15%，销量也由此增加，从而最终使得农户的粮食收入提高了 55%；罗千峰和赵奇锋（2022）基于 2020 年中国乡村振兴调查数据的实证分析发现，互联网使用通过减少信息不对称降低了农户的生产经营成本，并促进了农户与市场的有效衔接。此外，库尔图瓦和苏贝尔维（Courtois and Subervie，2015）、阿克尔（Aker，2010）、戈亚尔（Goyal，2010）、穆托和山野（Muto and Yamano，2009）在不同国家均发现了类似效果。

但是另一部分研究并没有发现信息通信技术显著的作用效果（Futch and Mcintosh，2009；Aker and Fafchamps，2014）。希尔德布兰特等（Hildebrandt et al.，2014）对 ESOKO 项目的随机试验结果表明，该信息系统对不同农作物的作用不同，使用该系统能够提高山药的价格，并不能提高玉米、木薯和花生的价格，但能够显著提高农户与中间商讨价还价的能力；法尚普斯和明顿（Fafchamps and Minten，2012）对印度地区农业信息系统的使用做了一项随机试验，结果显示，使用该系统与不使用该系统农户的收购价格没有显著区别，主要是因为农户对信息的利用能力较低，并且大多数当地农户只有一个市场渠道；米特拉等（Mitra et al.，2015）在印度的西孟加拉邦做了一个随机试验，虽通过手机向农户推送马铃薯的价格信息，但却并没有因此而提高他们的收购价格，这主要是由于在当地农产品市场，零售商不是直接向小农户收购农产品，而是通过中间商来收购，因此农户无法将它们获取的市场信息转化为谈判能力；除了简单地提供价格信息之外，卡马乔和康诺弗（Camacho and Conover，2010）在哥伦比亚针对一个价格和天气信息系统做了一项随机试验，结果显示，信息系统的使用并没有提高农户的销售价格，也没能增加农业收入以及家庭支出；我国学者许竹青等（2013）对海南省"农信通"的影响效果开展入户调研，从理论和实证上分析了信息对农户销售价格的影响以及其内在的作用机制，其研究结果表明，"农信通"为农户提供的有效信息能够显著帮助农户提高易腐农产品（豆角）的售卖价格，对易储农产品价格的影响却不显著。尽管许多研究证实，信息通信技术可以提高农户的谈判能力，一旦收购商具有垄断力量，农户也无法通过所获取的市场信息与收购商进行谈判（Aker，2008；Goyal，2010；Mitra et al.，2015），因为农业供应链常常被具有较强市场力量的中间商所掌控，而他们对市场更加了解。

不同的研究结果不同，一部分是由于各国家（地区）市场信息不对称的程度不同，或是其他的市场失灵造成的；另一部分则可能由于各地区农户利用信息的能力不同导致，信息利用能力较低的农户可能无法将信息转化实际生产力。

（2）信息化对农业生产的影响。

信息能够帮助农户作出更加优化的生产决策，实现其利润最大化。西奥多·舒尔茨（1987）在《改造传统农业》中把传统农业部门的农户看作是理性的，传统农业的农户同市场经济中的企业一样，是在特定资源和技术条件下追求最大利润的个体，他们能够根据价格等信息做出理性的选择，并调整生产要素组合达到最优配置。但是，农户由于条件限制，获取信息的成本往往较高，从而缺乏充分的信息资源帮助他们做出最优决策。因此，提高农村信息化水平将能够帮助农户实现更高利润。此外，信息化的发展提高了农户使用新技术的可能性（Ma et al.，2017），因为如果信息不通畅，农户很难获得一些先进的生产技术，如新品种的引进、害虫防治技术和先进管理方法等，且对于现存的生产技术，农户也需要相关信息来帮助他们做出合适的选择，以达到最优化的生产方案。

一部分文献关注了信息化对农户的种植结构及产量的影响。如科尔和费尔南多（Cole and Fernando，2012）对印度的农业信息系统（The Avaaj Otalo Program）的评估结果显示，定期提供农业信息使得农户使用了更加安全的农药，经济作物的种植比例增多，且当农户获得更多与农业投入相关的信息（如种子、农药价格等）时，他们会相应改变投资策略，从而种植获利更多的农作物；中曾根等（Nakasone et al.，2014）认为从长远来看，如果农户可以找到更多获利机会，它们就能够改变生产要素的分配和种植结构，从而增加农业生产力；利奥和刘（Lio and Liu，2006）在1995～2000年对81个国家（地区）的信息和通信技术对农业生产力的影响进行了调查，他们在使用低成本工具提高农业生产效率方面取得了进展，但警告说，在发达国家农业生产中，信息的回报大约是较贫穷国家的两倍；戈亚尔（Goyal，2010）发现接入互联网地区农户的大豆价格提高了 1% ~ 3%，此外互联网的使用还增加了 19% 的大豆产量，最终使得农户的净利润提高了 33%；卡萨布里等（Casaburi et al.，2014）在肯尼亚 SMS 系统的评估中发现，该系统的使用提高了 11.5% 的甘蔗产量，这种影响在那些没有经过农业技术培训的农户中更加显著；郑和马（Zheng and Ma，2021）的研究发现，基于智能手机的信息获取系统显著提高了小麦产量，约 7%；然而，在卡萨布里和克雷默（Casaburi and Kremer，2016）的一项相似的研究中，并没有发现产量的提升。

另一部分文献关注了信息化对农业生产率的影响。在实证研究领域，许多学者研究了信息化对生产率的影响，但是结论并不一致。一方面，部分学者发现信息化与生产率提升之间并无显著的联系，布赖恩格尔森（Brynjolfsson，1993）把这种现象称为"生产率悖论"，之后，凯丁格（Kettinger et al.，1994）和卡尔（Carr，2003）均证实了"生产率悖论"现象的存在；另一方面，部分学者发现，信息化对生产率的提升具有显著的促进作用，代表性的研究成果有利希滕贝格（Lichtenberg，1995）、杜瓦和克雷默（Dewan and Kraemer，1998）、邵和林（Shao and Lin，2001）。而具体到农业领域，国内外文献较少关于农村信息化与农业全要素生产率之间的关系进行研究，且缺乏微观数据支撑。韩海彬和张莉（2015）认为，农业信息化是促进农业全要素生产率增长的关键因素，该项研究基于 2002 ~ 2010 年我国省级面板数据，使用门槛模型来考察农村信息化对农业全要素生产率的影响，结果表明，农村信息化对农业全要素生产率增长的影响存在显著的双重门槛效应，人力资本水平越高，影响越显著；于淑敏等（2011）的研究也认为，农业信息化水平对农业全要素生产率增长具有显著的促进作用；郑等（Zheng et al.，2021）实证分析了互联网使用对中国香蕉生产技术效率的影响并发现了显著的正向影响；朱等（Zhu et al.，2023）的研究发现，信息通信技术对中国粮食生产的化肥和农药使用效率具有正向影响；但田涛和李玮玮（2012）的研究结果表明，在不同时期内，农业信息服务水平对农业全要素生产率的影响方向和影响程度并不相同；尹宗成（2010）运用我国 29 个省份 10 年的面板数据检验农业信息服务在对农业全要素生产率的影响，其结果显示，以交通和通信支出表示的农业信息服务水平对农业全要素生产率的增长具有正向的促进作用，但不同区域的影响程度和显著性不同；金渝（2020）基于 2016 年中国劳动力动态调查数据的实证分析发现，互联网的使用对农业生产效率没有显著影响。

（3）信息化对先进农业技术使用的影响。

信息化提高了农户对先进农业技术采纳的积极性。许多国外学者均证实了信息在农户使用先进农业技术或实践中的重要性（Adegbola and Gardebroek，2007；Thuo et al.，2014；Larochelle et al.，2019）。洛尔和萨洛蒙（Lohr and Salomonsson，2015）认为信息被视为采用先进农业技术有效的激励措施，因为信息很容易在农村地区传播，而农户对农业技术信息的需求也在逐渐增多；伯顿等（Burton et al.，2003）和杰尼厄斯等（Genius et al.，2006）分别使用了来自英国和希腊的调查数据探讨了信息获取与有机土地转换之间的关系，其结果表明信息促进了农户经营有机农场，这些信息对于住在偏远地区缺乏农业知识的小农户的作用更加显著；甘地等（Gandhi et al.，2010）运用匹配法对印度数字农业项目（Digital Green）做了评估，该项目主要是通过视频向农户推送农业技术相关信息，作者发现使用该项目村庄的农户更可能放弃传统农业生产方法而使用新术；拉罗谢尔（Larochelle et al.，2019）探索了一个厄瓜多尔信息项目的影响，该项目用信息技术培训小农户并通过短信对农户进行提醒，作者发现，这些提醒对农户采用新做法产生了积极的影响；马等（Ma et al.，2017）使用 2013 年对我国甘肃、陕西和山东苹果农场的调研数据检验了我国苹果生产农户接受有机农场的影响因素，其结果表明，在所有影响因素中，信息获取对苹果农户采取有机农场的边际贡献最大，且信息获取增加了农户愿意接受有机农业的可能性，大约为 35.9 个百分点；马和王（Ma and Wang，

2020）的研究考察了互联网使用对环境友好型农业创新技术采纳的影响，其结果发现，互联网使用显著促进了农户采用可持续的农业实践。

（4）小结。

已有文献较少关注信息化对于农户农业收入的直接作用效果，但从上述文献综述中可以发现信息化对农户农业收入的可能影响途径。农业收入主要取决于农产品的产量和销售价格，因此，信息化对农户收入的影响大致可以分为生产和销售两条途径。

从生产角度来看，信息化有助于促进农业技术进步以及农业资源利用方式的转变，使得农户可以提高资源配置效率、优化生产决策，促进农业生产率和产出的提高，从而最终实现其自身收入最大化。罗泽尔（Rozelle）和黄季焜（2005）认为传统农业增长主要靠生产要素来推动，也就是高投入，但这种方式是不可持续的，现代农业增长主要依靠的是全要素生产率的提高，进而能够同时带动劳动边际生产率的增加，最终提高农产品产量及农户收入水平。全要素生产率水平的提升对于收入水平较低或者贫困人口来说尤其重要，这些农户往往主要以农业为生，但由于资金缺乏以及教育水平落后，无法享受到先进的农业技术和农业知识，因此很容易陷入贫困圈。但随着信息化的普及，这种情况可能会发生变化，即使用基本的移动电话等数字技术，以及越来越普及的互联网来实现农业信息的获取，提高农业生产率进而改变贫困现状。但目前，国内外学者对于信息化对农业全要素生产率影响的关注度不够，国内仅有的几篇文献均是在省级层面进行研究，缺乏微观农户角度分析以及大样本数据的支撑，且均忽略了信息化的内生问题。此外，研究缺乏关于信息化对农户农业收入影响的详细作用机制，如从农业投入和产出的角度系统分析其中的影响途径。

从销售角度来看，信息化可以显著降低农户信息搜寻的成本，使农户对市场更加了解，增加了他们的套利能力和与收购商的谈判能力，从而能够更好地参与市场；此外，及时有效的信息还能够减少交易过程中的不确定性，有效减少储存成本，避免浪费，从而最终达到提高农户收入的效果。从检索结果来看，国内外的文献重点研究信息对农户销售价格的影响，除个别文献受农产品和数据限制外，大部分文献结果均支持信息化对农户价格的提升作用，这一结果应有利于增加农户的农业收入。由于本书缺乏详细的农产品销售价格信息，因此路径不作为本书的分析重点。

### 2. 信息化对非农就业以及劳动力转移的影响

斯蒂格勒 1961 年开创的信息搜寻理论，对分析劳动力市场问题起到了重要作用。在劳动力市场上，搜寻理论的基本原理为：劳动力市场中存在一定程度的信息不充分，关于空缺职位和工资的信息是不完善的，不同劳动者的工资水平也存在差异，因此，劳动者往往会为了获得更高的收入在劳动力市场中进行工作搜寻（汪霞和钱小龙，2012）。而信息搜寻是有成本的，当搜寻收益大于搜寻成本时，进行工作搜寻是有益的，但是若成本过高，工人可能无法对劳动力需求作出及时反应，从而将会导致市场非效率。

在实证领域，许多学者均证实了信息搜寻对就业及劳动力转移的重要性，其中社会网络最先引起了学者们的广泛重视。国外的一些研究认为，以前迁移的移民能够增加新移民的就业率，即同一地区的社会网络能够帮助新移民找到工作（Banerjee，1984；Banerjee，1991；Munshi，2003；Kajisa，2007；Yamauchi and Tanabe，2008）；格兰诺维特（Granovetter，1995）认为弱关系（工人经常通过熟人找到工作）在劳动力市场上起着很重要的作用；还有一些研究认为社会关系的结构对解释就业人口和收入变化起着重要作用（Montgomery，1992；Arrow and Borzekowski，2004；Calvo-Armengol and Jackson，2004）。在国内的研究中，也有学者认为，以亲人、地域等维系的社会关系对于迁移者获取工作机会来说非常重要（蔡昉，1997）。可见，社会网络信息是帮助人们找工作的一个重要途径。那么，同样对于农村劳动力而言，村庄里外出务工的劳动力数量越多，该村庄内的农户可依靠的社会关系网络越强，从而能够获得更多的外部就业信息。

现代信息通信技术的使用有助于加强社会网络对于就业的作用效果。如手机的使用可以实现远程交流，通过与已经在城市找到较好工作人的联系获取更多的就业资源，加强社会网络在工作搜寻中的作用；还能够帮助那些在社会网络之外的人通过新渠道获得与工作有关的信息，从而找到工作。穆托（Muto，2012）利用乌干达农村 94 个社区 856 户家庭 2003 年和 2005 年这两年的面板数据，研究手机使用与社会网络对农村劳动力转移的双重影响，其结果表明，家庭有手机的农户更有可能离开农村去城市找工作。信息通信技术给社会网络匮乏的农户提供了更多的就业机会，增加了他们在城市就业的可能性。

但是，对于偏远地区的农户来说，社会网络的缺乏很容易令他们陷入贫困循环。由于偏远地区农村的外出务工人数较少，村庄内部的农户缺少外部就业信息的获取渠道，其向外转移的机会越低，从而难以脱离贫困。而信息技术和信息资源的引入，必将彻底打破农村地区的这种贫困循环，有效地促进农村劳动力转移，改善农民的就业结构（巨文辉，2005）。

许多研究认为，快速发展的信息通信技术是获取信息的重要途径，可以显著降低信息搜索成本，从而直接影响人们的就业和转移决策（Winters et al.，2001；Barr and Oduro，2002；Munshi，2003；Yamauchi and Tanabe，2008；Muto and Yamano，2009；Hanson and Mcintosh，2010；Aker et al.，2012）。如克洛纳和诺伦（Klonner and Nolen，2010）使用 1995～2000 年的家庭面板数据，对南非农村劳动力市场进行了研究，其结果发现手机的使用使得当地的就业率增加了 15%，增长部分主要以女性就业和工资性就业为主，而农业就业大幅减少，尤其是男性；巴兹里斯等（Batzilis et al.，2014）也发现手机覆盖率增加了女性在劳动力市场的参与率；穆托（Muto，2012）发现手机覆盖率与迁移呈正相关，并对种族进行了异质性分析，但是这种关系的作用机制还不清楚；还有研究认为如果潜在移民高估了他们在目标地区的就业和生活前景，信息通信技术所提供的信息可能会减少移民（Farre and Fasani，2013）；我国学者陆等（Lu et al.，2016）使用 1993

年和 1995～2000 年农业部固定观察点数据，以固定电话为例研究我国通信基础设施对农村劳动力转移的影响，其结果显示，固定电话的使用使得劳动力外出的比例提高了 2%，这种影响对于之前有较少外出务工人员的村庄更大；周和李（Zhou and Li，2017）使用 2005 年和 2013 年中国社会调查数据研究了新媒体覆盖对农村地区非农就业和收入的影响，其结果表明，新媒体使得农村地区非农就业率提高了 10%～20%，从而增加了农户收入，作者认为新媒体是农户脱贫的一个重要方式，并且有助于缩小城乡之间的差距，促进各地区均衡发展。

可见，信息化发展将有助于农村劳动力从农业部门向非农部门以及从农村向城市的转移，而增加非农就业是减少农村贫困、增加农户收入的一个重要手段（Otsuka et al.，2008；Haggblade et al.，2010），因此，信息化可能通过促进农村劳动力非农转移来促进农户收入的增加。

从已有文献上来看，国外学者对信息化与非农就业的关系给予了大量关注，但是在我国，虽然关于促进劳动力向非农部门转移的文献有很多，但是在信息化这一关键要素的研究上还稍显匮乏。刘晓光等（2015）认为，现有关于劳动力转移及其分配效应问题的研究仍然缺乏对转移障碍和成本问题的深入探讨。由于成本的存在，农业劳动力并不能实现在农业和非农两部门间的自由流动，而是会遇到各种阻碍，其中，信息搜寻成本就是影响农村劳动力非农业转移的一个重要因素。我国学者陆等（Lu et al.，2016），周和李（Zhou and Li，2016）虽然对信息化对农户非农就业以及劳动力转移进行了研究，但是前者使用的是我国 2000 年以前的固定电话数据，由于我国农村发展较为迅速，十几年前的研究启示对我国现代农村信息化发展的借鉴意义较小，需要根据农村发展现状重新探索信息化对我国农户非农就业及非农收入的作用机制；而后者缺乏异质性分析，并非所有农户都能从信息化的发展中受益，其影响取决于农户对所获信息的利用能力，低收入人群能否通过信息化的发展实现有效转移、增加收入，进而缩小农村内部收入差距尚不可知，因此，还需对信息化对农户非农就业的影响进行进一步的探索。

## 1.2.4 信息化与收入差距研究

尽管信息化为农村地区的发展带来了福音，仍有研究表明信息化的发展导致了"数字鸿沟"以及收入差距。一部分学者基于不同人群对信息化造成的收入差距进行研究。如布利兹和布里高特（Britz and Blignaut，2001）、克拉克和戈尔斯基（Clark and Gorski，2002）坚持认为，信息通信技术的发展只会对那些现代行业中的富裕阶层有利，并会造成低收入人群和高收入人群之间的差距越来越大；库马尔和肯尼斯顿（Kumar and Keniston，2004）认为由于各地区的接入条件不同从而使得信息富有者和信息贫困者之间出现了"数字鸿沟"，也因此导致了收入差距；巴瓦尼等（Bhavnani et al.，2010）认为信息通信技术还可能在低收入人群之间形成"数字鸿沟"。米塔尔等（Mittal et al.，2010）认为大农户和小农户的信息渠道可能有本质的不同，大农户社会资本多，社会资本在很大程度上改善了大农户的信息不对称状况，从而使得大农户并不需要借助于太多的其他信息渠道；而小农户社会资本少，更需要借助于各种信息渠道来减小其信息不对称状况。

另一部分学者从城乡差异视角对信息化进行研究。欣德曼（Hindman，2000）发现城市居民与非城市居民之间的社会经济行为不平等是由于互联网利用效率不同导致的；弗鲁霍尔特和克里斯蒂安森（Furuholt and Kristiansen，2007）的实证结果表明互联网覆盖的不均衡拉大了城市与农村居民之间的经济差距，如人力资本积累和收入等；胡鞍钢和周绍杰（2002）认为，由于互联网的不平衡发展，我国各区域以及城乡之间仍然存在着"数字鸿沟"；方（Fong，2009）的研究中表明，农村地区居民对于信息通信技术的接受率以及使用者的教育程度导致了"数字鸿沟"，并且农村地区的经济发展很难追赶上城市地区；骆永民（2010）发现基础设施尤其是交通、通信、环保的城乡差距越大，农户获取工资收入的机会越小，工农业人均产出、城乡生活水平差距也就越大；刘骏和薛伟贤（2012）在测度城乡数字鸿沟的研究中表明我国城乡之间的数字鸿沟正在持续扩大；程名望和张家平（2019）的研究结果表明，互联网普及对城乡收入差距的影响呈现先增加后降低的倒"U"形趋势。

近些年，也有少部分研究关注了信息化对农村内部收入差距的影响，但结论并不一致。一部分研究认为信息化具有扩大收入差距的影响，例如马等（Ma et al.，2023）采用 2016 年中国劳动力动态调查数据分析了信息通信技术对农户收入增长的影响，结果发现信息通信技术对 90 分位数收入组的农户具有最大程度的正向影响；史常亮和郝晓燕（2023）分析了数字乡村发展对农户收入的影响效应，其结果发现，数字乡村建设扩大了农户之间的收入差距。但也有研究表明信息化具有缩小收入差距的作用，如朱述斌等（2022）研究发现，互联网使用对低收入农户的增收效应最大，而对高收入农户的作用不显著，表明互联网使用具有缩小收入差距的作用；方顺超和朱平芳（2024）采用中国家庭追踪调查数据的研究分析发现，互联网能显著缓解农村家庭在总收入和工资性收入上的不平等。

还有部分文献证实，不平衡的信息技术发展加剧了地区之间发展的不均衡。如里奇蒙德和特里普莱特（Richmond and Triplett，2018）利用 2001～2014 年 109 个国家（地区）的面板数据，研究了信息通信技术与跨国收入不平等的联系，其研究结果表明，信息通信技术拉大了各国之间的收入差距，但其影响取决于信息通信技术的具体类型以及收入不平等的衡量标准。

现有文献重点关注了城乡之间的"数字鸿沟"，以及由于信息化所导致的城乡收入差距，而相对较少的研究关注了信息化对农户之间收入差距的影响，且尚未得出一致结论。据统计，我国农村居民纯收入基尼系数从 2000 年的 0.35 上升到了 2011 年的 0.39，并仍处于上升趋势，可见我国的收入差距不仅存在于城乡和地区之间，在农村内部的农户之间也存在着显著的收入差距。目前，对于农村内部收入差距的影响因素，现有研究重点关注了金融服务、收入结构、教育不平等、政策制度、劳动力流动等方面（姚洪心和王喜意，2009；程名望等，2015），但缺少对信息化因素的关注。信息化发展是否能够缩小农村内部收入差距及其中的作用机制有待进一步剖析，这对于在信息化背景下扶持低收入农户脱贫致富具有重要的指导意义。

### 1.2.5 文献述评

综上可知，在全球农村信息化发展的背景下，国内外学者关于信息化对"三农"影响方面做了许多研究，但其中仍存在一些不足以及需要进一步探索之处。

（1）目前关于农村信息化对农户收入影响的研究结论并不完全一致。其原因可能是多方面的。理论上，信息成本和农户有效利用信息的能力可能在理论分析中重视不足，进而导致高估信息化对收入的正效应；实证上，相关的研究可能常常面临数据局限和方法上的诸多问题，从而可能导致实证结果的偏差；在数据上，现有关于我国此类问题的研究多数基于某个地区的数据，样本量较小（如王怀明和史晓明，2010；张磊磊和王华丽，2015；张永丽和李青原，2022），这使得研究结果常常因各地区经济发展水平不同而异；部分研究虽然采用的是固定观察点、中国健康与营养调查（CHNS）等大样本微观数据（如高梦滔等，2008；刘生龙和周绍杰，2011），但数据的时间维度处于我国农村信息化发展的初始阶段，信息化对于农户收入的影响可能没有得以充分显现，这同时显示出信息化对于农户收入的影响可能会随不同的发展阶段发生动态变化，有待进一步探究；内容上，较少有文献深入研究信息化对农户不同来源收入的影响，各种影响之间可能存在反向关系，从而相互抵消，最终导致部分文献并未发现信息化对农户总收入的显著影响。

（2）已有文献缺乏对农户收入结构的分解以及信息化对农户不同收入作用机制的详细剖析和系统研究。现有文献较多对信息化与农户总收入的关系进行了研究，但较少对农户的结构性收入进行分析，以至于无法了解信息化的详细作用机制。那么，信息化会对农户的哪一部分收入产生影响？以及分别对各部分收入的影响效果和程度如何？信息化能够分别通过哪些途径来起到增加农户收入的作用？对以上问题进行深入和系统的探讨可以更加详细以及全面地了解信息化对于农户收入的影响机制。

（3）鲜有研究关注信息化对农村内部收入差距的影响及其作用途径。学者们对信息化对收入差距的影响研究主要集中在城乡差距以及区域差距之间，然而事实上，我国农村内部收入分配也并不均衡，农户收入存在较大差距。那么，信息化发展会继续拉大农村内部收入差距，为贫富阶层划下一道日益扩大的"数字鸿沟"？还是能够使得低收入水平的小农户在信息化发展过程中同样分享到"信息红利"？又通过什么途径可以使得低收入农户脱离贫困，进而向中、高收入群体发展和过渡呢？对这些问题需要进行深入剖析。

（4）大部分研究只关注了信息化对农户收入的平均作用效果，缺乏异质性研究，尤其缺乏对弱势群体（如低收入农户）是否能够享受信息"红利"的重点关注。受数据限制，部分文献使用宏观层面的汇总数据，可能会掩盖信息化对微观农户主体的异质性影响。由于信息利用能力、自身人力资本积累以及经济条件等差异，并非所有农户都能从信息化的发展中受益，异质性研究有助于更深入地了解信息化对农户收入的作用效果。

（5）缺乏对多元信息渠道的考量，且部分实证研究对信息化变量内生性问题的处理不足。早期文献以电话和电视机每百人拥有量或通信支出等宏观指标对早期信息化程度进行测度，近期多采用单一的互联网使用行为变量进行分析（如罗千峰和赵奇锋，2022；陈学兵和刘一伟，2023），缺乏对多元信息渠道以及现代信息设施的考虑，手机和电视在农村地区的普及率已经很高，指标变异程度较小导致实证结果缺乏稳定性。此外，一部分学者对信息化的内生性问题并未予以关注（如夏振荣和俞立平，2010；孙楚和杨辉，2014；王怀明和史晓明，2010），可能导致其估计结果有偏；另一部分学者的内生性处理方法也有待进一步改进（如周洋和华语音，2017；刘晓倩和韩青，2018；朱述斌等2022）；还有部分文献使用省级层面的汇总数据，这较容易受信息化内生于经济增长的影响。因此，在信息化变量内生性问题的处理上，还有待进一步思考和完善。

文献综述观点简要汇总如表 1-1 所示。

表 1-1　　　　　　　　　　文献综述观点简要汇总

| 信息化的影响 | | 详细影响机制 | 正向 | 负向 | 无定论 |
|---|---|---|---|---|---|
| 对经济增长的影响 | | — | √ | | |
| 对农户总收入的影响 | | — | | | √ |
| 对农业收入的可能影响途径 | 对农产品市场效率的影响 | 市场间销售价格差异 | | √ | |
| | | 销售价格 | √ | | |
| | | 农户谈判能力 | √ | | |
| | 对农业生产的影响 | 种植结构 | √ | | |
| | | 先进农业技术采纳 | √ | | |
| | | 农业全要素生产率 | | | √ |
| | | 产量 | | | √ |
| 对非农收入的可能影响途径 | 对非农就业的影响 | 对社会网络加强作用 | √ | | |
| | | 本地非农就业 | √ | | |
| | | 劳动力城乡转移 | √ | | |
| 对收入差距的影响 | | 城乡差距 | √ | | |
| | | 地区差距 | √ | | |
| | | 农村内部 | | | √ |

资料来源：笔者整理绘制。

对此，本书将进行如下改进：（1）根据信息经济学搜寻理论构建信息化对农户收入影响的理论框架，并对信息化与农户收入差距之间的关系进行理论机制分析；（2）采用 2003~2016 年全国农村固定观察点数据，并对部分固定观察点村庄手机信号、互联网及移动网络等现代信息通信工程的最早接通年份进行补充调研，不仅为使用倍差法分离信息化的影响提供了可能，还考虑了多元化、多阶段的信息工具，有助于观测到信息化发展过程中信息技术进步对农户收入的动态影响变化；（3）在信息化与农户收入因果关系的识别问题上，不仅结合村级层面信息工程接入情况，运用匹配倍差法减弱内生性问题，也找到了一个历史工具变量（村庄是否有国家"八纵八横"光缆干线通过）来识别信息化综合水平给农户收入带来的因果效应，并运用多种方法进行稳健性检验，排除了村级信息工程接入与农户收入之间的反向因果关系；（4）对农户收入结构进行分解，深入探究信息化对农户不同收入的作用效果，并从劳动时间分配、农业生产投入产出和生产效率等方面系统研究农村信息化对农户农业收入和非农收入的作用机制；（5）利用分位数回归法重点研究了信息化对农村内部收入差距的影响；（6）加入对不同年龄阶段、教育程度和所处村庄基础设施条件等的农户异质性分析，从而为政府推进农村信息化发展提供更具有针对性的政策建议。

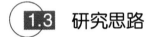

## 1.3　研究思路

### 1.3.1　研究目标

本书的总目标是以手机信号、互联网和移动网络接通为例，通过从微观农户角度研究农村信息化对农户收入和收入差距的作用效果和影响机制，探索信息化促进农户持续增收的途径，为进一步发展农村信息化以及提高农户收入和缩小收入差距等涉农政策制定提供参考依据具体目标有四点。

（1）厘清我国农村信息化政策演变和发展现状，建立信息化影响农户收入的理论框架，揭示背后的理论依据和作用路径。

（2）通过探索信息化对农户总收入和结构性收入的作用效果和影响机制，找到提高农户收入的方法和途径，为促进农户持续增收提供政策建议。

（3）通过探索信息化对农户收入差距的作用效果和影响机制，为低收入水平农户向中、高等收入水平农户发展和过渡提供方法和途径，并为缩小农村内部收入差距提供政策建议。

（4）通过分析信息化对农户收入的异质性影响，为政府进一步发展农村信息化提供更有针对性的参考依据。

## 1.3.2　研究内容

为达到上述目标，本书从理论和实证分别进行研究，并对农村信息化政策演变和发展现状进行了梳理（第3章），主要内容如下：

（1）信息化对农户收入和收入差距影响的理论机制分析（第2章）：首先，本书对与信息化发展相关的理论基础进行梳理，主要包括信息经济学搜寻理论、基础设施溢出效应和经济增长理论，以及生产率悖论；其次，借鉴信息经济学搜寻理论构建信息化对农户收入影响的理论模型；进而，从劳动力转移和信息利用差异视角，基于农户效用最大化、两部门均衡模型和库兹涅茨倒"U"形曲线，对信息化与农村内部收入差距之间的关系进行理论机制探讨；此外，基于基础设施溢出效应，进一步分析信息化对农业生产率的影响，从农业生产角度探讨信息化对农户收入的作用途径。最终，基于上述分析对信息化对农户收入的影响途径进行总结。

（2）分解农户收入结构，探究农村信息化对农户不同收入的影响和动态变化（第4章）：第一，基于第2章的理论分析，检验农村信息化与农户收入和收入结构（农业收入和非农工资性收入）的总体影响；第二，检验信息技术进步对农户收入的动态影响；第三，分析信息化对农户增收效应的持续性及持续强度变化。

（3）分别基于农户的投入产出和农业全要素生产率视角，探究农村信息化对农户收入的影响机制（第5章、第6章）：首先，检验信息化对农户农业和非农劳动时间分配的影响，来分析信息化对农户农业收入和非农收入的影响途径，基于理论假说来验证信息化在促进农村劳动力非农转移上的重要作用；其次，重点分析信息化对农户农业收入的影响机制，一方面，从农业投入产出角度进行分析，主要包括检验信息化对农户的农业劳动、资本投入和粮食产量等方面的影响；另一方面，从农业全要素生产率角度来分析信息化对农户农业收入的影响机制，包括对农业技术效率和技术进步的检验分析。

（4）探究农村信息化对农户收入差距的影响及机制分析（第7章）：

首先，采用分位数回归模型估计信息化对不同收入组农户总收入、工资性收入和农业收入的边际贡献和影响差异，探究农村信息化是否能够起到缩小农户收入差距的作用，以及通过影响农户的哪部分收入缩小（加剧）了收入差距；其次，针对不同群体特征的农户，如年龄阶段、教育程度以及所处村庄道路基础设施条件等，对信息化对农户收入的异质性影响进行分析，更加深入地了解其中的作用机制。

（5）以短视频为例，分析信息技术使用对农村居民身体健康和生产劳动的影响（第8章）：第一，以理性成瘾理论为根基，从理论上分析短视频使用行为对农村居民时间分配和身体健康的影响；第二，采用工具变量法进行实证检验；第三，从不同沉迷程度、性别、年龄等角度对短视频使用行为的影响进行异质性分析。

### 1.3.3 拟解决的关键问题

（1）信息化能否促进农户收入增长？促进了农户哪部分收入增长？增收效应是否具有持续性？

（2）信息化对农户农业收入和非农收入的作用途径分别是什么？继而会对农业生产带来怎样的影响？

（3）信息化能否起到缩小农户收入差距的作用？特别是，能否使得低收入人群同样获得"信息红利"？

（4）针对不同群体特征的农户，信息化对农户收入的影响是否存在差异？通过什么途径能够缩小农户收入差距？

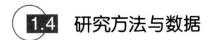

## 1.4 研究方法与数据

### 1.4.1 研究方法

本书采用的是理论探讨与实证分析相结合的研究方法。在理论分析方面，主要采用的是文献分析法和定性分析法，在前人的理论基础上分析信息化对农户收入和收入差距的作用机理；在实证分析方面，主要采用的是倾向得分匹配法（PSM）、多期倍差法（time-varying，DID）、分位数回归法（QR）、工具变量法（2SLS）、SFA-Malmquist 生产率指数法和生存分析法等，各研究内容所用的主要实证方法汇总请见表 1-2。其中实证方法主要包括：

表 1-2　　　　　　　　　　　实证研究方法汇总

| 研究内容 | 研究方法 | 稳健性检验 |
| --- | --- | --- |
| 农村信息化对农户收入的影响（第 4 章） | 工具变量法<br>倾向得分匹配＋倍差法 | 反向因果关系检验（Logit） |
| 农村信息化对农户农业投入产出的影响（第 5 章） | 倍差法 | 工具变量法 |
| 农村信息化对农户农业全要素生产率的影响（第 6 章） | 倍差法 | 倾向得分匹配法、反事实检验、反向因果关系检验（生存分析法）、时滞效应检验 |
| 农村信息化对农户收入差距的影响和农户异质性研究（第 7 章） | 倾向得分匹配＋分位数回归；倾向得分匹配＋倍差法 | 信息化综合指数检验 |
| 信息技术使用对农村居民身体健康和生产劳动的影响（第 8 章） | 工具变量法 | 工具变量法 |

资料来源：笔者整理绘制。

（1）多期倍差法（time-varying DID）。

倍差法是一种专门评估公共项目或社会政策影响效果的计量方法。由于本书对部分固定观察点村庄的手机信号、互联网和移动网络的最早接通年份进行了补充调研，可以对这些村级信息工程项目的影响效果进行评估。因此，倍差法是一种较好的方法选择。其优点在于，这些信息工程都是由中央或各地方省市级政府统一规划建设，尽管这与一个地区的经济水平有一定关系，但在一个县域内，这种规划与单个农户的收入水平、甚至单个乡镇的经济水平都没有直接关联，有效控制了由于因变量和自变量之间反向因果关系导致的内生性问题；且本书所用数据为面板数据，倍差法模型可以有效控制那些不随时间变化的不可观测个体的异质性，因而得到对项目效果的无偏估计（Imbens and Wooldridge，2009；陈林和伍海军，2015）。

传统倍差法假定处理组的所有个体开始受到政策或项目冲击的时间点完全相同，但本书的信息工程在不同村庄的接通时间点并不完全一致，所以使用的是多期倍差法（time-varying DID）进行处理，即参考贝克等（Beck et al.，2010）的方法，在双向固定效应模型的基础上来实现。

（2）倾向得分匹配法（PSM）。

运用倍差法的重要前提假设之一，是保证处理组和对照组农户在接通信息工程前具有相同的长期趋势，即农户之间的同质性。因此，在进行倍差法回归之前，本书先对样本农户进行匹配，以保证倍差法模型的准确性。此处，匹配法可以看作一种再抽样的方法，试图通过匹配再抽样使得观测数据尽可能地接近随机试验数据。需要说明的是，由于各地区手机信号、互联网和移动网络的接通时间并不统一，在样本年份中始终没有接通信息工程的村庄数很少，无法固定一个明确的对照组，对此本书借鉴王庶和岳希明（2017）的方法进行分年匹配。具体做法如下：选取当年接通信息工程农户前一年的各项指标与当年未接通信息工程农户前一年的指标数据进行倾向得分匹配，各年匹配之后去除处于共同支撑区域外的样本，最终使用匹配后的样本进行之后的双重差分。

（3）工具变量法（2SLS）。

为解决本书实证模型的内生性问题，本书借鉴王等（Wang et al.，2019）的方法，从历史信息中寻找可能的工具变量，选取村庄是否有国家"八纵八横"光缆干线通过作为工具变量进行 2SLS 估计。有效的工具变量应满足相关性和外生性两个条件。国家"八纵八横"光缆干线网始建于 1986 年的宁汉光缆工程，终于 2000 年建成的广昆成光缆工程，48 项工程横纵交错，构成了四通八达的一级干线传输网络，无论固网还是移动运营企业均以此为基础开展之后各项通信业务，直到今天该干线仍是支撑我国整个通信业务不可或缺的基础网络（汤博阳，2008）。因此，村庄是否是国家

"八纵八横"光缆干线途经之地或影响较大的周边地区，与该村庄接通手机信号、互联网等工程以及整体信息化水平高度相关。并且由于该干线修建时间较早，属于全国性的规划建设，与单个村庄或农户的经济水平没有直接联系，满足工具变量相关性和外生性的有效条件。

（4）分位数回归法（QR）。

在信息化对农户收入差距的影响上，本书采用分位数回归法分别估计各项信息工程对于各收入组农户收入的边际贡献。该方法能精确解释变量对于被解释变量的变化范围以及条件分布形状的影响（Koenker and Bassett，1978），不同分位数下的模型估计系数往往是不同的，从而能够解释因变量对不同水平下自变量的影响差异。在本书的结果中，如果信息工程对低收入农户的边际贡献大于中等收入和高收入农户，则具有缩小收入差距的作用，反之则为扩大收入差距。

（5）SFA-Malmquist 生产率指数法。

为分析信息化对农户农业全要素生产率的影响，需要对农业全要素生产率进行测算和分解。已有文献对该指数的测算方法主要包括参数法和非参数法，常用的非参数法有数据包络分析法（DEA），常用的参数法主要集中于随机前沿生产函数法（SFA）。两种方法各有优缺点，但相比于DEA，SFA 由于能够避免随机因素对前沿面的影响，更加吻合农业生产的本质特征（范丽霞和李谷成，2012），且对异常值较不敏感。因此，本书将采用 SFA-Malmquist 生产率指数法对农户农业全要素生产率进行测算和分解。Malmquist 生产率指数是柯夫等（Caves et al.，1982）在 Malmquist 数量指数与 Shepherd 距离函数的基础上建立起来的，用于测量全要素生产率变化。

（6）生存分析法。

本书关于信息化影响的估计分析是建立在各村庄信息工程的接通时间不受各村庄接通信息工程之前结果变量影响的前提假设下，即不应存在反向因果关系。为了排除这一内生性问题的影响，使估计结果更为可靠，本书参考贝克（Beck et al.，2010）的方法，在稳健性检验中利用生存分析 Cox 回归法验证上述假设条件。生存分析主要用于考察个体从某一状态转换到另一状态所花费的时间，也称为"转换分析"或"久期分析"，在实证研究中，它的被解释变量为某种活动持续的时间。Cox 回归模型为生存分析中常用的一种方法，该模型以生存结局和生存时间为因变量，可同时分析众多因素对生存期的影响，且不要求估计资料的生存分布类型，因此得到了广泛应用。本书用它来检验所关注的结果变量（如农业全要素生产率）是否会影响到各村庄信息封闭的时间长短，也就是检验结果变量是否会影响各村庄接通各项信息工程、打破信息封闭状态的时间。

## 1.4.2 数据来源

### 1. 农业部农村固定观察点数据

本书数据主要来源于 2003~2016 年农业部全国农村固定观察点数据。农村固定观察点是 1984 年经中共中央书记处批准建立，除 1992 和 1994 年外，在全国各省、自治区、直辖市已连续跟踪长达 30 多年（1986~2021 年）的一项农村调查工作。该数据有三大特征和优势：一是调查范围广、样本量大，该调查覆盖了全国除港、澳、台之外的 31 个省（区、市），包含 23000 多个农户，360 个行政村，具有极强的全国代表性；二是内容丰富，2003 年起，该调查使用了农村和农户两级问卷，较为全面地反映了中国各地区农户及其家庭成员的生产、消费、就业、生活及其他各项活动的全面调查信息，包含了本书所需要的大部分变量；三是固定跟踪，尽管各年份均有调查户的轮换，从 2003 年起大概有 70% 的农户是固定观察点，从而能够对农村社会经济进行长期、连续的调查和研究，该特征和优势为本书的实证模型分析提供了良好的数据基础。

农业部农村固定观察点数据使用规定较为严格，受条件限制，导致本书不同实证章节所使用的数据年份不尽相同。详细来说，第 4 章和第 7 章所用数据年份相同，均为 2004～2014 年，第 5 章所用数据年份为 2003～2011 年，而第 6 章所用数据年份为 2004～2016 年。虽然部分章节所用数据年份有所不同，但是四个实证章节所用数据的时间维度有较大重叠，即均包含了 2004～2011 年，且仅有第 5 章所用数据年份较早，各实证章节重叠年份的农户样本基本相同。之后的实证章节将会详细介绍每章所用的数据说明以及相应的描述性统计分析。

本书所选择的数据时期非常适合研究农村信息化的影响，涵盖了中国农村信息化的快速发展阶段。受政策实施影响，在 2003 年之前，农村信息工程覆盖率和普及率过低，而 2016 年之后又过高，样本年份以外信息化变量的变异程度较小，不利于识别其影响。而刚好在此期间，村庄信息工程建设处于快速发展阶段，有助于本文稳健地检验信息化对农户收入的影响。

### 2. 农村信息化补充追踪调研

本书以村庄为单位，对部分固定观察点村庄的手机信号、互联网和 3G 移动网络首次接通时间进行了补充调研。选取这三项信息工程的主要原因为：（1）与农户层面家庭是否使用手机、网络等变量相比，村级信息工程接通变量对农户收入来说相对外生，因为我国农村信息化工程多是由中央或各地方省市级政府统一规划建设，不受农户个体选择；（2）手机信号和网络工程建设是农村信息化建设的基础，手机和网络同时也是农村居民获取信息的主要渠道，三项信息工程能够较全面地代表农村地区的信息基础设施建设情况；（3）手机信号、互联网和 3G 移动网络在样本年份中处于快速发展阶段，这有助于更加清楚地检验出信息化对农户收入影响的净效应；（4）与手机、互联网相比，3G 移动网络的接通时间较晚，从手机信号到移动网络的接通不仅能够反映信息技术进步的发展变化，也有利于观测到在信息化发展过程中农户收入的变化情况。

本书在中国农业大学全校范围内招募固定观察点村庄（或附近村庄）

生源的学生①，于 2018 年 2 月 1 日至 2018 年 3 月 1 日进行寒假返乡调研，该调研以咨询村干部及村庄的信息工程相关负责人为主，对村庄信息化情况进行问卷调查②，同时以录音、现场拍照、村干部身份证明等多种形式进行督查反馈，以保证问卷的完成质量。最终招募了 50 名学生参与此项调研③，每人负责一个村庄，共完成问卷 45 份。在对问卷质量进行检查后，保留有效问卷 43 份，样本涵盖了北京、天津、河北、山西、辽宁、黑龙江、浙江、安徽、福建、山东、河南、湖南、广西、四川、云南、重庆、甘肃、青海和宁夏 19 个省份共 43 个固定观察点的村庄。

为检验所保留的 43 个固定观察点样本村庄的全国代表性，本书将其与作者所能获得的全国 256 个固定观察点村庄 2008 年的基础特征进行比较④。表 1 - 3 汇报了样本村庄特征和全国固定观察点村庄特征的描述性统计，以及两者之间的特征差异检验结果（双侧 t 检验）。结果显示，所选取的样本村庄和全国固定观察点村庄的基础特征变量之间并无显著性差异，43 个样本村庄具有较好的全国代表性。

表 1 - 3　　　　补充追踪调研样本村庄与全国固定观察点村庄特征比较

| 变量 | 变量设置/单位 | 均值（标准差） | | 差异(标准误) |
|---|---|---|---|---|
| | | 全国村庄<br>(1) | 样本村庄<br>(2) | 全国 - 样本<br>(1) - (2) |
| 地势 | 1 = 平原；2 = 丘陵；<br>3 = 山区 | 1.83<br>(0.82) | 1.85<br>(0.85) | - 0.03<br>(0.14) |
| 经济区域 | 1 = 农区；2 = 林区；3 = <br>牧区；4 = 渔区；5 = 其他 | 1.20<br>(0.74) | 1.12<br>(0.51) | 0.08<br>(0.12) |

---

① 选取中国农业大学学生进行返乡调研的原因如下：（1）中国农业大学是"211"和"985"高校，学生素质水平普遍较高，有利于问卷质量的保证；（2）中国农业大学学生多以与农业相关专业的学习为主，对"三农"了解较为深入，有利于顺利开展入村调研。

② 调研问卷内容请见附录 A。

③ 由于固定观察点样本村的分布与省份的经济发展水平与人口基本成正比，大学生来源分布也大体与此一致，因此，我们可以认为这个按照样本村来源地招募学生（及对应的样本村）的过程是随机的。

④ 全国农村固定观察点数据共包含 360 个行政村，但由于该数据的使用条件较为严格，作者目前最多仅能获取到 2008 年 256 个村庄的样本特征，此处将补充调研所保留的 43 个样本观察点村庄与其进行比较，来初步考察样本村庄的全国代表性。

续表

| 变量 | 变量设置/单位 | 均值（标准差） | | 差异（标准误） |
| --- | --- | --- | --- | --- |
| | | 全国村庄<br>（1） | 样本村庄<br>（2） | 全国－样本<br>（1）－（2） |
| 是否城市郊区 | 1＝是；2＝否 | 1.76<br>（0.43） | 1.76<br>（0.43） | －0.01<br>（0.07） |
| 是否工矿郊区 | 1＝是；2＝否 | 1.96<br>（0.19） | 1.98<br>（0.15） | －0.01<br>（0.03） |
| 是否乡镇政府所<br>在地 | 1＝是；2＝否 | 1.80<br>（0.40） | 1.74<br>（0.45） | 0.06<br>（0.07） |
| 经济发达程度居所<br>在县（市）水平 | 1＝上等；2＝中上等；3＝<br>中等；4＝中下等；5＝下等 | 2.80<br>（0.92） | 2.75<br>（0.87） | 0.05<br>（0.16） |
| 是否当地县以上政<br>府命名的小康村 | 1＝是；2＝否 | 1.71<br>（0.46） | 1.60<br>（0.50） | 0.11<br>（0.08） |
| 是否属当地民政承<br>认的贫困村 | 1＝是；2＝否 | 1.88<br>（0.32） | 1.90<br>（0.30） | －0.02<br>（0.05） |
| 全村人均纯收入 | 元/人 | 4588.20<br>（2728.11） | 5301.46<br>（2933.70） | －713.25<br>（465.07） |
| 全村经营总收入 | 百元 | 394510.9<br>（1822123） | 296121<br>（622987.3） | 98389.9<br>（291175.6） |
| 年末常住人口 | 人 | 2071.04<br>（1534.34） | 1705.60<br>（1033.68） | 365.44<br>（245.72） |
| 年末总户数 | 户 | 554.89<br>（458.33） | 475.48<br>（303.02） | 79.42<br>（73.32） |
| 年末企业个数 | 个 | 15.80<br>（33.05） | 14.00<br>（24.06） | 1.80<br>（7.35） |
| 年末劳动力总数 | 人 | 1143.09<br>（923.33） | 917.60<br>（579.85） | 225.49<br>（147.08） |
| 土地总面积 | 亩 | 9127.06<br>（14869.98） | 7988.5<br>（15223.1） | 1138.56<br>（2492.73） |

| 变量 | 变量设置/单位 | 均值（标准差） | | 差异(标准误) |
| --- | --- | --- | --- | --- |
| | | 全国村庄<br>（1） | 样本村庄<br>（2） | 全国 - 样本<br>（1）-（2） |
| 耕地面积 | 亩 | 2573.22<br>(3131.44) | 2610.95<br>(4873.63) | -37.73<br>(577.89) |
| 农作物播种面积 | 亩 | 3962.66<br>(4188.77) | 3564.17<br>(4955.03) | 398.49<br>(726.12) |
| 粮食产量 | 吨 | 1110.51<br>(1405.71) | 1349.85<br>(2611.45) | -239.34<br>(302.55) |
| 饮用自来水户数 | 户 | 435.25<br>(454.10) | 307.11<br>(255.73) | 129.14<br>(78.87) |
| 全村已用电户数 | 户 | 545.66<br>(455.44) | 464.20<br>(278.40) | 81.46<br>(73.35) |
| 全村安装电话机部数 | 部 | 325.53<br>(360.35) | 246.24<br>(179.87) | 79.29<br>(56.81) |
| 已上网户数 | 户 | 41.32<br>(97.29) | 22.70<br>(40.88) | 18.62<br>(18.05) |
| 村庄距离公路干线距离 | 千米 | 7.70<br>(74.97) | 2.92<br>(4.20) | 4.79<br>(12.52) |
| 硬化道路占全村道路总长度的比重 | % | 63.69<br>(34.10) | 66.81<br>(32.84) | -3.12<br>(5.72) |
| 村庄数量 | 个 | 256 | 43 | |

注：该表最后一列为双侧 t 检验结果，表中变量均不存在显著差异。
资料来源：笔者计算整理。

## 1.4.3 核心变量设定

本书实证模型中的收入变量主要分别有三个：农户家庭人均纯收入、人均农业纯收入和人均工资性收入。其中，家庭人均纯收入直接来自固定观察点调查指标，人均工资性收入和农业纯收入则根据固定观察点数据计算得出，分别是农户家庭成员乡村干部及教师工资收入、本地从业工资性收入、外出从业工资性收入的加总后人均以及农户家庭粮食作物、经济作物、园地作物、畜牧业、水产业、林业收入总和减去各项生产成本的总和后人均。

在信息化变量的设定上，本书采用两种方法：一是村庄单项信息工程接通指标，用于倍差法；二是村庄信息化综合水平指标，用于工具变量法。单项信息工程接通指标为村庄手机信号、互联网、3G 移动网络接通与否，为 0 – 1 变量。信息化综合水平指标为村庄接通手机信号、互联网、2G、3G 移动网络的数量，该变量取值范围为 0 – 4①，取值为 0 代表村庄并未接通任何信息工程，取值为 4 代表村庄接通了四项信息工程。其中，选取村级层面信息化变量的原因是：（1）村级层面信息工程的接入时间较容易观察和度量，测量误差较小，伴随着我国农村信息基础设施建设，手机信号、互联网以及移动网络等信息工程陆续在农村地区接入，这为本书获取村级数据提供了便利；（2）本书能够获取到的户级层面的信息化变量有限，固定观察点中所包含的"家庭是否使用互联网"变量是从 2009 年才开始进行调查的，不仅指标单一，且能用数据的样本量较小、时间范围短，而村级信息化变量在指标维度、样本量和面板长度上更具优势，因此，本书仅将户级信息化工具的结果作为稳健性检验。此外，选取两种测量方法的原因是：（1）三项信息工程接通对农户收入的不同影响可以体现信息化对农户收入的动态影响。这是因为，手机信号和互联网代表了信息技术从无到有的变化，而 3G 移动网络则进一步体现了信息传输速度的更新换代，有利于评估信息技术进步的影响；（2）信息化综合水平指标能够较全面地代表农村地区的信息基础设施建设情况，有利于考察信息化的综合影响。

---

① 本书所调研的数据中也包含了村庄 2G 移动网络的接通时间。在稳健性检验中，为了较为全面地衡量各村庄信息化的综合水平，本书将手机信号、互联网、2G 和 3G 移动网络四项信息工程接通情况均纳入村庄信息化水平的考量中。

## 1.5 本书的特色与创新点

与现有相关研究的不同主要体现在以下六个方面。

（1）补充了现有文献在理论机制分析上的不足，为实证研究提供充分的理论支撑。现有文献关于信息化对农户收入影响的研究缺乏对于理论机制的思考，本书根据信息经济学的经典搜寻理论构建信息化对农户收入影响的理论框架，根据农户效用最大化以及两部门均衡模型，构建信息化对农村内部收入差距影响机制的理论框架，并根据库兹涅茨倒"U"形曲线以及信息利用差异，分析信息化对农户收入差距的理论影响，为实证研究提供较好的理论支撑。此外，基于基础设施溢出效应，进一步分析信息化对农业生产率的影响，从农业生产角度探讨信息化对农户收入的影响途径。

（2）充分考虑了农村信息化的多元渠道，使得对信息化的衡量更为全面和准确。多数国内文献以电话和电视机每百人拥有量或通信支出等宏观指标对早期信息化程度进行测度，或多使用单一的互联网变量来检验其对农民收入的影响，缺乏对多元信息渠道以及现代信息设施的考虑。为更加全面地衡量信息化的影响，本书对部分固定观察点村庄手机信号、互联网及移动网络等信息通信工程的最早接通年份进行补充调查，这不仅为使用倍差法分离信息化的影响提供了可能，还考虑了多元化的信息渠道。

（3）用多种方法处理信息化变量的内生性问题，使得研究结果更加可靠。现有文献多使用省级层面的汇总数据，或使用农户家庭层面是否有网络等来检验信息化的影响，省级层面数据容易受信息化内生于经济增长的影响，而农户家庭互联网变量与其收入之间存在很强的自选择问题，较难完善地解决好内生性问题。因此，在本书在信息化与农户收入因果关系的识别问题上，选取的是村级层面信息工程接入变量对农户收入水平进行回归，并运用匹配、倍差法减弱内生性问题，也找到了一个历史工具变量（村庄是否有国家"八纵八横"光缆干线通过）来识别信息化给农户收入带来的因果效应，并在稳健性检验中排除了村级信息工程接入与农户收入之间的反向因果关系，使得研究结果更加可靠。

（4）考虑了信息技术进步对农户收入的动态影响变化。由于不同阶段农村地区和信息化的发展状况不同，信息化对农户收入的影响也会发生变化。现有文献大多仅关注某一阶段或某一年份信息化对农户收入的影响，并没有全面体现信息化对农户收入的影响变化情况，而这也是导致现有研究结果存在不一致的重要原因。本书所用数据时间维度较长（2003～2016年），涵盖了早期手机信号、互联网到现代移动网络的接通，刚好体现了信息化在农村地区从无到有的技术进步变化情况，有利于全阶段地考察农村信息化对农户收入的动态影响。

（5）通过对农户收入结构的分解，对信息化对农户收入的作用机制进行全面、系统、深入地剖析。现有研究关于信息化对农户收入影响研究的结论并不一致，且缺乏对农户收入结构的分解，这使得很难了解信息化对农户收入的作用途径。本书将对农户收入进行结构分解，从农业生产和非农就业两方面分别探究信息化对农户两大主要收入的作用途径及其对农户总收入的影响。

（6）分析信息化对农户收入差距的作用效果及影响机制。在收入差距方面，学者们更多关注了城乡以及地区之间所出现的信息"鸿沟"，却忽视了信息化发展对农村内部收入差距的影响，且缺乏对农村弱势群体的关注。而我国农村地区的收入分配并不均衡，农户之间收入差距较大，本书重点关注了信息化对农村内部收入差距的作用效果以及由于农户自身异质性所带来的影响差异，从而能够为政府进一步推进农村信息化发展提供更具有针对性的政策建议。

本书技术路线如图1-1所示。

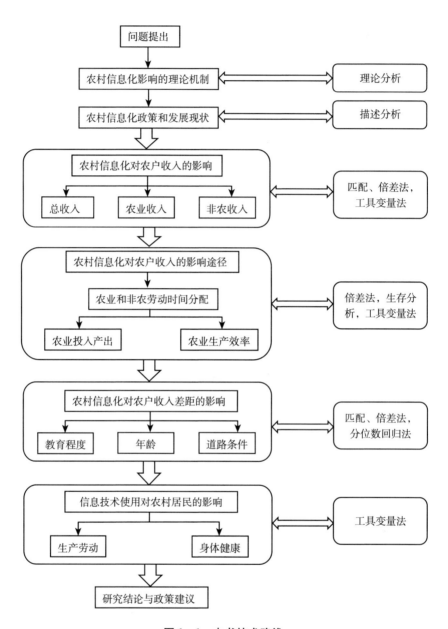

**图 1-1　本书技术路线**

资料来源：笔者绘制。

# 农村信息化影响的
# 理论机制

    农村信息化对农户收入的影响是建立在多个理论基础之上的。为了对后面的实证分析提供理论支撑，本章将首先对与本书相关的信息经济学搜寻理论、基础设施溢出效应与经济增长理论、生产率悖论的主要内容进行概括和梳理，为详细分析信息化对农户收入影响的理论机制奠定基础理论支撑。其次，结合基础理论，详细分析信息化对农户收入和收入差距影响的理论机制，主要分为四个部分：第一，借鉴信息经济学的搜寻理论，构建信息化对农户收入影响的理论模型，分析信息化对农户收入的作用机制；第二，从劳动力转移和信息利用差异视角，基于农户效用最大化、两部门均衡模型和库兹涅茨倒"U"形曲线，对信息化与农村内部收入差距之间的关系进行理论探讨；第三，基于基础设施溢出效应，分析信息化对农业生产率的影响，以进一步从农业生产角度探讨信息化对农户收入的作用途径；第四，对信息化影响农户收入的作用途径进行总结。

## 2.1 理论基础

### 2.1.1 信息经济学和搜寻理论

信息经济学起源于 20 世纪 40 年代，它不仅是经济学的一门"分支"，更是对经济学大部分内容的重新阐释。信息经济学修正了许多经济学理论中信息完备的假定，认为市场中存在信息不对称，从而会引发道德风险或逆向选择等使效率低下的问题。其研究主要分为宏观和微观两部分内容：宏观信息经济学的开启人为马克卢普（Fritz Machlup）和波拉特（Mac Uri Porat），侧重研究信息产业以及由此带来的信息经济效益等问题；微观信息经济学的开启人为斯蒂格勒（George Stigler）和阿罗（Kenneth J. Arrow），主要从微观角度入手，对信息的成本和价格等要素进行研究，提出市场模型中的信息是不完全的，重点考察如何充分运用信息来提高市场的经济运行效率（乌家培等，2007）。

本书是以微观信息经济学理论为基础，主要基于斯蒂格勒（George Stigler）1961 年提出的搜寻理论进行分析。这一理论在马克拉等的进一步研究下得到了系统发展（McCall，1970）。该理论认为，信息不充分会导致资源的不合理配置，信息搜寻允许人们做出比从没有信息的选择中获得更高期望收益或预期效用的选择，因此，市场参与者能够通过信息搜寻实现更加优化的经济效益。但获取信息要付出成本，市场参与者需要平衡信息搜寻收益与成本之间的关系，从而实现在有限条件下的最优经济。在农业经济中，农户也是理性的，同样追求效用最大化，但是现实中的小农户往往由于信息成本较高而处于信息弱势地位，信息的缺乏使得他们在农产品交易市场以及劳动力市场中总是成为被动的价格和工资接受者，无法作出最优的生产和生活决策。而当信息成本开始降低时，他们能够获取到更加丰富的信息，从而重新优化配置资源，作出理性的选择。搜寻理论为本书提供了最基础的理论支撑。

## 2.1.2　基础设施与经济增长理论

基础设施与经济增长之间的关系一直以来都是经济学理论界研究的热点问题。从新古典经济增长理论演进到内生经济增长理论，公共投资（包括基础设施）与经济增长的关系问题一直备受经济学家的关注，学者们一致认为基础设施或公共投资是促进经济增长不可或缺的因素。新古典经济增长理论虽然肯定了技术进步对经济增长的作用，但假定技术进步是外生的，认为经济在人均收入和人均资本达到均衡点时不再继续增长，分析框架具有一定局限性。随后，学者们为了对新古典增长模型进行修正，将技术进步内生化，认为经济增长的动力来源于经济系统内部机制，如知识的积累和技术的创新等，且开始将基础设施作为单独的变量放入生产函数模型中。阿罗和库尔兹（Arrow and Kurz，1970）首次将公共资本纳入生产函数中。基于 Arrow-Kurz 模型，巴罗（Barro，1990）将生产性公共资本引入内生增长模型，认为基础设施不仅可以作为一种投资直接促进经济增长，还可以通过溢出效应间接提高全要素生产率来促进经济增长。进一步地，胡尔滕（Hulten et al.，2006）将基础设施以影响技术水平的形式引入生产函数，将其对产出的直接影响和间接影响分离开来，认为基础设施一方面通过提高资本和劳动等要素的边际生产率来扩大产出，另一方面能够扩展生产可能性边界。

现有实证文献多以经济增长理论模型为研究框架，在生产函数或成本函数中引入反映基础设施的变量来估计基础设施对产出、生产率或经济增长等的边际影响（张学良，2012；Moreno et al.，2002；Paul et al.，2004）。农村信息化也可以看作是一种具有公共资本属性的基础设施，它以信息基础设施作为信息传输的载体，显著减少农村地区的信息不对称，增加农村市场透明度。并且，信息使用者自身也能够对信息进行加工和再创造，利用信息创造价值，带动农村地区的经济增长。

### 2.1.3  生产率悖论

生产率悖论，又称"索洛悖论"，即诺贝尔经济学奖获得者索洛（Robert Solow）在 1987 年提出的关于信息技术与生产率之间的关系："你可以在除了生产率的任何地方发现计算机时代所带来的影响"（Solow，1987）。此后，生产率悖论引起了广泛关注，许多学者相继投入了与之相关的研究中。

从文献上看，信息化对生产率的促进作用在经历了早期的激烈争论后逐渐趋于一致认可。20 世纪 80 年代末，许多学者认为信息化对经济增长和生产率的影响并没有像理论预期那样产生显著的促进作用（Baily，1986；Stanley and Roach，1987）；同期，索罗（Solow）在 1987 年提出了著名的"生产率悖论"（productivity paradox）；而从 20 世纪 90 年代初期开始，一些学者对产生"生产率悖论"的可能原因进行了解释（Attewell，1994；Brynjolfsson，1993）。在经济学家运用更加完善的理论和计量方法对此问题进行分析后，又涌现出了一大批文献逐渐证实了信息化对经济增长和生产率的正向影响（Pilat，2004；罗雨泽等，2008；郑世林等，2014），而之前包括索罗在内的持否定意见的学者也随之转变态度，一致认为信息化对经济增长和生产率的确起到了促进作用。

近年来，关于我国"生产率悖论"的文献也有很多，但较少文献研究我国农村经济中是否存在"生产率悖论"，信息技术作为农业发展新的推动力是否能够加速农村经济发展、提高农业生产率呢？新经济增长理论认为，技术进步是推动经济增长的主要动力，而农村信息化作为农业技术进步的重要驱动因素，理应推动农业生产方式的转变、促进农业全要素生产率的提高。一方面，农村信息化发展降低了农业信息搜寻成本，加快了信息流通速度，一定程度上弥合了工农"数字鸿沟"，有助于农业生产者及时抵御天气、病虫害等自然风险，使得农户能够更有效地利用当前最合适的技术和最优化的结构进行生产，提升农业资源配置和组织管理效率，从而可能带来技术效率的提升；另一方面，农业信息化将先进的信息技术在农业生产过程中进行推广和应用（韩海彬和张莉，2015），同时有助于新技术和新知识在农村地区的传播和扩散，从而加快了农业技术进步。而技术效率变化和技术进步是全要素生产率增长的两大主要来源。因此，从理论上讲，信息化应有助于农业全要素生产率的提高。

## 2.2 农村信息化对农户收入影响的理论机制

农户也是追求利润最大化的理性经济人，能够根据信息资源做出理性的选择，对生产要素进行合理配置。但是现实中小农户往往处于信息弱势地位，信息的缺乏使得他们在农产品交易市场以及劳动力市场中总是成为被动的价格和工资接受者，若信息成本较大，农户将限制他们的信息搜寻行为，只能在有限的信息条件下做出生产和就业决策。而当信息成本开始降低时，他们能够根据所获取的信息重新配置资源，作出更加优化的选择从而改变收入水平。

本书主要基于信息经济学的经典搜寻理论建立基本理论框架，分析信息化与农户收入之间的关系。首先做出五个假定。

（1）农户了解其所需要的信息需要支付一定的成本，令农户每进行一次信息搜寻需要支付的成本为 $c$，并假定 $c$ 为固定值。

（2）假定农户均是风险中性的，即农户的效用函数是线性的。

（3）农户每次信息搜寻后所作的生产或就业决策为 $X_1, X_2, X_3, \cdots, X_i$（$i$ 代表第 $i$ 次决策），且每次决策之间是相互独立的。

（4）令 $Y_i$ 为农户根据第 $i$ 次信息搜寻结果做出相应生产或就业决策后所获得的收入，即 $Y_i = g(X_i)$。

（5）令 $F(G)$ 为 $Y_i$ 的累计分布函数，$E[Y_i] < \infty$。

农户在生产和就业中为了做出更加优化的决策会进行相关信息的搜寻，农户根据第 $n$ 次信息搜寻做出决策后得到的净收入为：

$$\pi_n = \max(Y_1, Y_2, \cdots, Y_n) - nc \qquad (2-1)$$

农户在进行信息搜寻时对所获收入会有心理预期，令 $\xi$ 为农户的心理预期收入。以第一次搜寻为例，若农户根据第一次搜寻信息做决策 $X_1$ 后所获得的收入为 $Y_1$，如果 $Y_1$ 超过其心里预期收入 $\xi$，则农户会接受此次决策 $X_1$，如果 $Y_1$ 没能达到预期收入，那么农户会继续进行信息搜寻，对于任意的 $Y_i$ 来说均如此，即：

当 $Y_n < \xi$，继续进行信息搜寻；

当 $Y_n \geqslant \xi$ 时，接受此次决策 $X_i$。

那么，农户根据其决策所获得的期望利润为 $E[\max(\xi, Y_i)] - c$，根据最优停止理论，$\xi$ 满足下式：

$$\xi = E[\max(\xi, Y_i)] - c \qquad (2-2)$$

在期望收入 $E[\max(\xi, Y_i)]$ 中，若 $Y_i < \xi$，则 $E[\max(\xi, Y_i)] = E[\xi]$；若 $Y_i > \xi$，则 $E[\max(\xi, Y_i)] = E[Y_i]$，因此 $E[\max(\xi, Y_i)]$ 可以写成如下积分形式：

$$\begin{aligned} E[\max(\xi, Y_i)] &= \xi \int_0^\xi \mathrm{d}F(y) + \int_\xi^\infty y \mathrm{d}F(y) \\ &= \xi \int_0^\xi \mathrm{d}F(y) + \xi \int_\xi^\infty \mathrm{d}F(y) + \int_\xi^\infty y \mathrm{d}F(y) - \xi \int_\xi^\infty \mathrm{d}F(y) \\ &= \xi + \int_\xi^\infty (y - \xi) \mathrm{d}F(y) \qquad (2-3) \end{aligned}$$

将式（2-3）代入式（2-2）中，得：

$$c = \int_\xi^\infty (y - \xi) \mathrm{d}F(y) = H(\xi) \qquad (2-4)$$

$H(\xi)$ 可以转换成如下形式：

$$c = H(y) = \int_\xi^\infty (z - y) \mathrm{d}F(z) \qquad (2-5)$$

则 $H(y)$ 函数性质如下：

$$\lim_{y \to \infty} H(y) = 0 \quad \lim H(y) = E(Y_1) \quad \frac{\mathrm{d}H(y)}{\mathrm{d}y} = -[1 - F(y)] < 0 \quad \frac{\mathrm{d}^2 H(y)}{\mathrm{d}y^2} \geqslant 0$$

由此，可以得出$H(y)$的函数图像（见图2-1），当信息搜寻成本由$c_1$下降到$c_2$时，农户收入将从$y_1$增加$y_2$，即信息搜寻成本与农户收入成反比。而农村信息化水平的发展能够不断降低农户的信息搜寻成本，促使农户获取更多信息资源优化决策，进而提高收入。

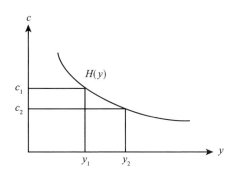

图 2-1 信息成本与农户收入关系

资料来源：笔者绘制。

基于此，本书提出如下研究假设1。

**研究假设1**：信息化发展能够促进农户收入的增加。但是，信息化对农户农业收入和非农收入的影响可能是不同的。一方面，农户信息约束的放松会导致资源在农业和非农之间跨部门流动，促进农村劳动力向非农行业转移（Klonner and Nolen，2010；Aker et al.，2011；Lu et al.，2016；Zhou and Li，2017），使得农户的劳动时间和资本投入在农业生产和非农就业上重新分配，增加农户的非农投入，减少农业生产在整个家庭经营中的比例，从而有利于增加农户的工资性收入，但不利于农户的农业收入增长；另一方面，信息约束放松也会使得农业内部资源重新优化，提升农业生产效率（朱秋博等，2019），同时提高农户的议价能力，在农产品市场获得更高的价格（许竹青等，2013；Aker et al.，2016），在要素市场上获得更低的价格，从而带动农业收入增长。由于存在两种相反的作用力，信息化对农户总收入的影响则成为了一个实证问题，取决于哪种作用力量更大。因此，把农户收入分解为农业和非农收入，有助于我们更清晰地把握信息化对农户收入的影响机制。

信息化对农户收入的影响可能呈现动态变化。这主要表现在两方面：第一，信息技术变迁的动态影响。信息化发展初期，电话、手机等使用门槛较低，村庄接通电话信号后，农户能够较快获取到非农信息以实现劳动力转移，增加非农收入。同时由于农业劳动力的流失在短期内缺乏技术替代，使得手机、电话等使用对农业生产和农业收入可能会带来一定负面影响。随后，相较于手机信号，互联网接入对农户收入的影响变化在短期内可能相对较小，因为在互联网的使用上，农户面临更大的成本门槛和利用门槛，需要电脑等配套设备以及更加复杂的操作能力。随着信息技术的进一步发展，信息化开始与农业生产相结合，催生了如远程管理、在线监测等农业信息技术的应用，帮助农户提高生产效率，减少了农业生产对劳动力的需求，从而在部分农户跨越技术门槛后，信息化可能会逐渐削弱劳动力流失对农业收入造成的负面影响。而这时，2G、3G 等新一代移动网络的接入使得数据传输速度大幅提升，从而可能在促进农户增收上发挥更大的作用。而对非农收入来说，如果就业市场的需求不发生显著增长，随着就业市场供需缺口的减少，信息技术变迁对农户工资性收入的增长效应可能会递减。基于此，信息化对农户总收入也可能呈现动态影响。第二，信息化的滞后影响。由于每一代信息技术的应用均存在一定程度滞后（如使用能力提升需要时间），若信息化对农户收入存在显著的当期影响，那么随着越来越多的农户逐渐跨越信息门槛，这种影响将具有一定持续性和累积效应。

## 2.3 农村信息化对农户收入差距影响的理论机制

农村信息化在农户收入增长中起着重要作用，那么，信息化是否会给所有农户带来收益呢？还是会加剧我国农村内部收入分配的不均衡呢？文献关于这一问题并没有一致的结论，许多学者坚持认为信息通信技术的普及只对富裕阶层有利，而使得低收入和高收入群体之间的差距越来越大

（Britz and Blignaut，2001；Clark and Gorski，2002）；不少学者也指出信息通信技术的使用很大程度上影响了社会群体的收入不平等以及农村居民的收入差距（谭燕芝等，2017；刘晓倩和韩青，2018）；但仍有部分研究表明，信息通信技术的使用同样能为低收入农户带来福利增加（Aminuzzaman et al.，2003；Donner，2006）。

为了深入分析信息化对农户收入差距带来的可能影响，本书从信息化对农户收入影响的可能途径入手，运用理论模型推导两者之间的关系。现有文献普遍认为，农户能够在手机、互联网等信息工具的帮助下更加高效地找到非农工作，即信息化能够通过促进农村劳动力非农转移带来非农收入的增加，从而提高农户家庭总收入（Zhou and Li，2017）。基于此，本书首先假设全部农户均能够有效利用信息，在信息化的帮助下实现非农转移、获得非农劳动收入，并借鉴刘晓光等（2015）关于基础设施与城乡收入分配效应的理论研究，通过分析信息化、劳动力转移以及收入差距三者之间的关系，对信息化对农户收入差距的影响进行理论探讨。

以下理论模型的推导主要参照了张勋等（2014）、刘晓光等（2015）的研究，并将刘晓光等（2015）理论模型中的劳动力转移成本替换成本书中的农户信息搜寻成本，来理出信息化与农户收入差距之间的关系。

（1）模型基本假定。

借鉴刘晓光等（2015）的研究，假设农户可以在农业部门 $a$ 和非农部门 $b$ 两个生产部门提供劳动，分配在两部门的劳动力数量分别为 $N_a$ 和 $N_b$，假设劳动力总量 $N$ 不变。

农业部门生产函数为：

$$Y_a = L^\gamma N_a^{1-\gamma} = L^\gamma (N - N_b)^{1-\gamma} \qquad (2-6)$$

其中，$0 < \gamma < 1$ 为农业部门的资本产出弹性，农业部门的资本主要为土地。

非农部门生产函数为：

$$Y_b = K^\alpha N_b^{1-\alpha} \qquad (2-7)$$

其中，$0 < \alpha < 1$ 为非农部门的私人资本产出弹性。

根据上述生产函数的设定，农业部门和非农部门选择最优的劳动力数量来最大化产出，一阶条件满足，即：

$$W_a = (1 - \gamma) L^{\gamma} (N - N_b)^{-\gamma} \tag{2-8}$$

$$W_a = (1 - \alpha) K^{\alpha} N_b^{-\alpha} \tag{2-9}$$

$W_a$ 和 $W_b$ 分别为农业部门和非农部门的工资水平。非农部门工资水平在一般情况下高于农业部门，两部门工资之差促使农村劳动力向非农部门转移（刘晓光等，2015）。但现实中劳动力转移并不充分，存在各种转移障碍和转移成本，如信息搜寻成本，而信息技术能够显著降低农户信息搜寻成本，可以为农户提供较充分的就业信息，从而能够起到降低农户转移成本的作用。本书将其引入下面要讨论的农户偏好与决策的考虑中（刘晓光等，2015）。

（2）农户的偏好与决策。

作为理性人，农户最大化一生效用并满足世代交替模型，参照张勋等（2014）和刘晓光等（2015）研究，本书在该模型中加入信息搜寻成本，即：

$$U_t = \ln C_t + \beta \ln C_{t+1} - D_t(i_t) \tag{2-10}$$

预算约束为：

$$C_t + \frac{C_{t+1}}{1 + \gamma_{t+1}} = W_t \tag{2-11}$$

其中，$C_t$ 和 $C_{t+1}$ 分别为农户在第 1 期和第 2 期的消费，$W_t$ 为农户在第 1 期的工资收入，$\gamma_{t+1}$ 为第 2 期的利率水平，将 $D_t(i_t)$ 设定为劳动力跨部门转移所面临的信息成本，农村信息化水平 $i_t$ 越高，劳动力转移所面临的信息成本越低，即 $D_t'(i_t) < 0$。求解最大化问题，一阶条件满足，即：

$$C_t = \frac{W_t}{1 + \beta} \tag{2-12}$$

（3）均衡：信息化与农户收入差距的关系。

当农村劳动力转移达到均衡状态时，转移与否无差异，即有：

$$\ln C_{bt} + \beta \ln C_{b,t+1} - D_t(i_t) = \ln C_{at} + \beta \ln C_{a,t+1} \tag{2-13}$$

将一阶条件 $C_t = \dfrac{W_t}{1+\beta}$ 代入上式，得：

$$\ln \frac{W_{bt}}{1+\beta} + \beta \ln \frac{(1+\gamma_{t+1})W_{bt}}{1+\beta} - D_t(i_t) = \ln \frac{W_{at}}{1+\beta} + \beta \ln \frac{(1+\gamma_{t+1})W_{at}}{1+\beta} \tag{2-14}$$

整理得：

$$W_{bt} = e^{\frac{D_t(i_t)}{1+\beta}} W_{at} \tag{2-15}$$

将农户收入差距定义为农业劳动和非农劳动工资收入之比：

$$\tau_t = \frac{W_{bt}}{W_{at}} = e^{\frac{D_t(i_t)}{1+\beta}} \tag{2-16}$$

从上式中可见，收入差距取决于信息成本 $D_t(i_t)$ 的大小，且：

$$\frac{\partial \tau_t}{\partial D_t} > 0 \tag{2-17}$$

可见信息成本越大，收入差距越大；且由 $\tau'(D) > 0$ 和 $D'_t(i_t) < 0$，可知 $\tau'(i) < 0$，而信息化水平提升能够显著降低农户信息成本，因此，本书提出研究假设2。

**研究假设2：**信息化水平提高可以缩小农户收入差距。

（4）作用机制。

以上分析表明信息化水平的提高能够缩小农村内部收入差距，接下来讨论信息化对于缩小收入差距的作用机制。借鉴刘晓光等（2015）研究，将分两步证明信息化如何通过劳动力转移缩小农户收入差距。

均衡时：$W_{bt} = \tau_t W_{at}$，将工资表达式即式（2-8）、式（2-9）代入，并对 $i$ 求偏导，求得：

$$\frac{\partial N_b}{\partial i} = \frac{\tau'_t(i)(1-\gamma)L^\gamma(N-N_b)^{-\gamma}}{\tau_t(\gamma-1)\gamma L^\gamma(N-N_b)^{-\gamma-1} - \alpha(1-\alpha)K^\alpha N_b^{-\alpha}} \tag{2-18}$$

$$\frac{\partial N_b}{\partial i} > 0 \tag{2-19}$$

即非农劳动力数量与信息化水平成正比。

**研究假设 3**：信息化水平提高可以促进农村劳动力向非农部门转移。

收入差距：$\tau_t = \dfrac{W_{bt}}{W_{at}}$，将工资表达式即式（2 - 8）、式（2 - 9）代入，得：

$$\tau_t = \frac{(1-\alpha)K^\alpha N_b^{-\alpha}}{(1-\gamma)L^\gamma (N-N_b)^{-\gamma}} = \frac{(1-\alpha)K^\alpha (N-N_a)^{-\alpha}}{(1-\gamma)L^\gamma N_a^{-\gamma}} \qquad (2-20)$$

将 $\tau_t$ 分别对 $N_a$ 和 $N_b$ 求导得：

$$\frac{\partial \tau}{\partial N_b} = \frac{\partial\left\{\dfrac{(1-\alpha)K^\alpha N_b^{-\alpha}}{(1-\gamma)L^\gamma (N-N_b)^{-\gamma}}\right\}}{\partial N_b} < 0 \qquad (2-21)$$

$$\frac{\partial \tau}{\partial N_a} = \frac{\partial\left\{\dfrac{(1-\alpha)K^\alpha (N-N_\alpha)^{-\alpha}}{(1-\gamma)L^\gamma - N_\alpha^{-\gamma}}\right\}}{\partial N_a} > 0 \qquad (2-22)$$

$$\frac{\partial \tau}{\partial N_b} < 0 ; -\frac{\partial \tau}{\partial N_a} < 0 \qquad (2-23)$$

随着劳动力从农业部门向非农部门转移，即非农劳动力数量 $N_b$ 增加，农业劳动力数量 $N_a$ 减少，农户收入差距逐渐缩小。

**研究假设 4**：农村劳动力向非农部门转移可以缩小农户收入差距。

综上综述，从理论推导上来看，农村信息化发展能够通过促进劳动力向非农部门转移来缩小农户之间的收入差距。

上述推论结果是建立在理想情况中，即在所有农户的信息利用能力相同、均能充分利用信息资源实现劳动力转移的条件下进行研究。但现实中，不同农户对于信息的利用处理能力不尽相同，在不同发展阶段，农户的自身素质也不尽相同。因此，本书进一步根据我国现阶段发展情况和农户素质现状，结合经济发展与收入不平等的长期关系，分析信息化对农户收入差距的现实影响。

从某种意义上来说，信息化的普及发展与收入差距关系的本质是增长与不平等的关系问题（张伦和祝建华，2013），可以借助经济学理论中的库兹涅茨倒"U"形曲线假说来进行预测。何与曾（Ho and Tseng，2006）、程名望和张家平（2019）的研究均有助于解释信息化与农户收入差距之间的关系，即可能存在的倒"U"形特征。农村信息化发展早期，由于自身优势，较高收入农户在信息接入以及信息利用能力方面较低收入农户更具优势，从而优先从信息化进程中受益（如较快进入非农行业提高收入），进而逐渐拉大农村内部收入差距；但随着信息化的发展和扩散，信息通信技术在农村地区越来越普及，越来越多的农户发现并逐渐接受信息化发展所带来的好处，而这时高收入农户本身可能已经具有较高的信息收集和利用水平，信息收益率增长变慢，农村信息化的进一步发展对于这部分群体的收入边际效应可能低于对低收入农户的效应，因此，低收入农户在信息化的发展中获得比高收入农户更大的收益，进而开始缓解甚至缩小农村内部收入差距。

因此，关于信息化与农户收入差距之间的关系需要就我国农村信息化现阶段发展的实际情况来看。信息化转化为农户收入增长至少需要三个环节，硬件信息设备和平台建设、信息传递和信息利用，这就意味着对农户而言，要想通过信息化实现收入增长就需要跨越信息利用的成本门槛和能力门槛。在我们国家，信息基础设施建设基本上虽然是由政府或国有企业来承担，但农户仍需要负担手机、电脑硬件及数据流量等费用，这构成了信息利用的成本门槛。虽然我国农村信息化建设已经取得巨大成效（如接近九成的行政村均接通了宽带互联网），但由于信息成本对农户来说仍较高，农村地区实际的农户使用率仍与城市有着较大差距。并且，由于我国农村仍有大量群体的受教育水平较低，[①] 对于这些人而言，即使能够承担信息利用成本，也可能不具备信息的接收和利用能力。因此，这就可能导致信息化在一部分较高收入和较高受教育水平农户身上能够及时有效地转化为生产力和收入，而在另一部分农户身上则可能出现滞后影响甚至完全

---

① 2017 年我国农村居民户主受教育水平在初中以下程度占比高达 87.7%（资料来源：国家统计局住户收支与生活状况调查）。

无效，从而在一定时期内加剧农村内部收入差距，形成"数字鸿沟"。是否能够在更长时间内缩小收入差距，取决于滞后群体能否在更长时期内取得更大的边际收益。

基于以上分析，我国农村信息化与农户收入差距之间的关系可能仍处于倒"U"形拐点左侧，因此，本书提出研究假设5：

**研究假设5**：信息化能够促进农村劳动力非农转移，但同时会由于农户之间存在信息利用差异而在现阶段内加剧农村内部收入差距。

## 2.4 农村信息化对农业生产率影响的理论机制

上述理论分析可知，信息化能够通过促进农村劳动力非农转移来影响农户收入，但这主要是通过非农途径对农户总收入产生影响。除此之外，农业收入也是农户重要的收入来源，并且关系到我国的农业生产与发展，尤其信息化在促进农村劳动力转移后，对农业生产以及农户的农业收入产生何种影响也是值得深入探讨的问题。农户的农业收入与其农业生产状况高度相关，因此，本书将重点对信息化与农户农业全要素生产率之间的关系和影响机制进行深入分析，以此来全面、系统地探究信息化对农户总收入的影响途径。

本书关于信息化对农业全要素生产率影响的理论模型主要借鉴了胡尔滕等（Hulten et al.，2006）、米尔塔和莫尔特（Mittal and Nault，2009）关于信息技术对产出间接溢出效应影响的分析框架。本书将基准生产函数设定为柯布—道格拉斯（Cobb-Douglas）函数形式，具体形式如下：

$$Y = A(I)K^{\alpha}L^{\beta}I^{\gamma} \qquad (2-24)$$

其中，$Y$ 代表农业总产出，$K$ 为资本投入，$L$ 为劳动力投入，$I$ 为信息化投入，$\alpha$、$\beta$、$\gamma$ 分别为资本、劳动力和信息化投入的产出弹性。从式（2-24）可以看出，信息化从两方面促进产出增长：一是直接作为投入，与资本和劳动相同作为投入要素促进产出增长；二是间接溢出效应，体现在标准的希克斯中性效率函数 $A(I)$ 中，该函数包含了信息化对技术进步的影响，它使得整个生产函数可以外生地移动，向外移动表示规模报酬递增，反之则表示规模报酬递减。$A(I)$ 也是全要素生产率的直接体现，即：

$$TFP = \frac{Y}{K^{\alpha} L^{\beta} I'} = A(I) \tag{2-25}$$

由于有效的信息能够影响农业资源配置，信息化将会影响到资本和劳动要素的投入。为了进一步将信息化的间接效应分离出来，本书沿用了米塔尔和纳尔特（Mittal and Nault，2009）的方法设定信息化对资本和劳动呈现指数式影响，表达式如下所示：

$$K_I = K\zeta(I) = Ke^{\eta I} \tag{2-26}$$

$$L_I = L\tau(I) = Le^{\mu I} \tag{2-27}$$

式（2-26）、式（2-27）中，资本和劳动对信息化的一阶导数大于 0，即 $\zeta'(I) > 0$，$\tau'(I) > 0$。当信息化投入为 0 的时候，资本和劳动投入不变，即 $\zeta(0) = \tau(0) = 1$。

将式（2-26）、式（2-27）代入柯布—道格拉斯（Cobb-Douglas）函数中得到扩展的生产函数方程，形式如下：

$$Y_{\alpha} = S(Ke^{\eta I})^{\bar{\alpha}} (Le^{\mu I})^{\bar{\beta}} I^{\bar{\gamma}} = Se^{kI} K^{\bar{\alpha}} L^{\bar{\beta}} I^{\bar{\gamma}} \tag{2-28}$$

式（2-28）中，$k = \bar{\alpha}\eta + \bar{\beta}\mu$，为资本和劳动产出弹性的加权和，衡量信息化对农业产出的间接影响，而 $\bar{\gamma}$ 则衡量信息化作为投入要素对农业产出的直接影响。

根据 TFP 的计算公式，进一步得到：

$$TFP = \frac{Y_{\alpha}}{K^{\bar{\alpha}} L^{\bar{\beta}} I^{\bar{\gamma}}} = Se^{kI} \tag{2-29}$$

对式（2-29）左右取对数后得到：

$$\ln TFP = \ln S + kI \tag{2-30}$$

基于此，在模型估计中可以根据式（2-30）对信息化与农业全要素生产率之间的关系进行检验，而式（2-30）右边的 $k$ 则是本书所感兴趣的信息化影响参数。

关于理论模型选择指数式方程形式的原因：

第一，指数式方程能够将信息化的直接影响和间接影响分离开，分别为 $\bar{\gamma}$ 和 $k$，同时也为 $e^{kI}$ 提供了一种自然的解释，即 $e^{kI}$ 成为了基准柯布—道格拉斯（Cobb-Douglas）生产函数式（2-24）中希克斯中性效率函数 $A(I)$ 的一部分，也就是说当 $\bar{\alpha}=\alpha$，$\bar{\beta}=\beta$，$\bar{\gamma}=\gamma$ 时，$A=Se^{kI}$；

第二，指数形式是衡量技术进步的常用形式（Heathfield and Wibe，1987；Hulten et al.，2006），在扩展的生产函数方程中代入信息化对资本和劳动影响的指数方程也是为了最终能够衡量全要素生产率；

第三，基准生产函数式（2-24）嵌套在了扩展生产函数式（2-28）中，如果 $k=0$，那么式（2-24）和式（2-28）相等，这可以让我们通过实证研究来检验信息化是否真正起到了促进农业全要素生产率的作用，即检验 $k$ 是否显著为 $0$。

为了进一步表明两者之间的嵌套关系，我们分别对式（2-24）和式（2-28）求偏导：

对式（2-24）求偏导：

$$\frac{\partial^2 Y}{\partial k \partial I}=A\alpha I^{1-\alpha}L^{\beta}\gamma I^{1-\gamma} \qquad \frac{\partial^2 Y}{\partial L \partial I}=A\beta K^{\alpha}L^{1-\beta}\gamma I^{1-\gamma} \qquad (2-31)$$

对式（2-28）求偏导：

$$\frac{\partial^2 Y_{\alpha}}{\partial K \partial I}=S\bar{\alpha}K^{1-\bar{\alpha}}L^{\bar{\beta}}\left[\bar{\gamma}I^{1-\bar{\gamma}}+kI^{\bar{\gamma}}\right]e^{kI}$$

$$\frac{\partial^2 Y_{\alpha}}{\partial L \partial I}=S\bar{\beta}K^{\bar{\alpha}}L^{1-\bar{\beta}}\left[\bar{\gamma}I^{1-\bar{\gamma}}+kI^{\bar{\gamma}}\right]e^{kI} \qquad (2-32)$$

如果信息化对产出增长不产生任何促进效果，$\eta=\mu=k=0$，那么式（2-31）和式（2-32）则完全一样，由此进一步说明了指数形式选取的合理性。

进一步地，法雷尔（Farrell，1957）曾将全要素生产率分解为技术进步和技术效率变化，信息化作为一种先进技术和信息传播平台将通过作用于技术进步和技术效率对农业全要素生产率产生影响。一是信息化对农业技术进步的影响。一方面，理论上，农村信息化可能促进了农村地区先进技术的传播，使得前沿生产技术得以在农村地区知晓和扩散；另一方面，依托于信息工程，农业产业内也可能催生一系列先进的农业信息技术，有助于促进农业技术进步。但在实践中，信息化对技术进步的影响不仅受到信息基础设施的影响，还在很大程度上受当地农民消化吸收和运用能力的约束。因此，如果与新技术应用相匹配的农村人力资本没有达到一定水平，那么信息基础设施建设很难推动农业先进技术向现实生产力的转化，这在当前中国农村地区人力资本发展滞后、大量优质劳动力外流的历史背景下尤其可能。二是信息化对农业技术效率的影响。农村信息化加快了信息在农村地区的流通速度，显著降低了信息传递和搜寻成本，能够打破信息不对称的壁垒（Aker et al.，2016）。一方面，信息化打破了农业信息不对称，使得农业信息能够快速渗透到生产的各个环节，土地、劳动、资本等要素得以合理配置，农户能够根据所获信息用最优化的结构进行生产，提高技术效率，且作为一种沟通平台，信息化能够帮助农户直接对接需求方，提高交易匹配度，进而提高生产效率；另一方面，信息化打破了农村劳动力市场信息不对称，这使得农民看到了更多的就业机会，促进了兼业生产和劳动力非农转移（Lu et al.，2016；Zhou and Li，2017），这虽然会导致从事农业劳动人口的数量和质量不断下降，但由于中国人多地少，剩余劳动力流出后要素比例会更加趋于合理，有利于土地规模化、集约化的发展以及机械化的大量引进，从而进一步提高生产效率，因此最终信息化对农业技术效率可能表现出正向影响。而农业全要素生产率的提高有利于农业生产提质增效，从而有助于增加农户的农业收入。基于此，本书提出研究假设6。

**研究假设6**：信息化能够通过促进技术效率的提升提高农业全要素生产率，从而将有利于农户收入的增加。

## 2.5 农村信息化对农户收入的影响途径总结

从上述理论分析可知，信息化将从农村劳动力转移和农业生产两个途径影响农户收入，将主要影响农户的工资性收入和农业收入，进而对农户总收入产生作用（见图2-2）。信息化显著降低了农户的信息搜寻成本，加快了信息在农村地区的流通速度，使得农户能够利用信息资源做出更加优化的生产和就业决策。一方面，信息化能够为农户带来即时有效的非农就业信息，促进农村劳动力向非农行业转移，从而增加农户的工资性收入；但同时，劳动力转移也会导致农户用于农业生产上的时间和精力减少，甚至由于较高的机会成本而逐渐退出农业生产，使得农业生产在农户整个家庭经营中的比例降低，农业投入和产出相应减少，进而会在一定程度上抑制农户农业收入的增加。另一方面，信息化也能够为农户带来大量的农业信息，帮助农户优化农业资源配置和生产要素重组，带来农业技术效率和全要素生产率的提升，长期来看则有助于农户产出和农业收入的增加。

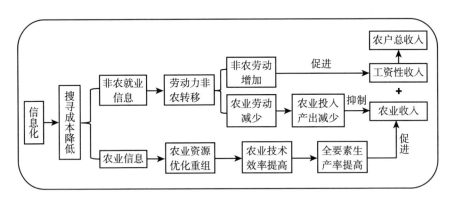

**图2-2 信息化对农户收入的作用途径**

资料来源：笔者绘制。

综上所述，虽然信息化在促进农村劳动力转移后，可能对农业收入在短期内有一定负面影响，但随着农业生产效率的不断提高，信息化将在长期内为农业生产带来提质增效的作用，使得其对农业收入的负面影响逐渐减弱。基于此，对于农户总收入来说，由于信息化对农业收入可能在存在短期内的抑制作用，即使其能够促进工资性收入增长，信息化对农户总收入的影响也可能在发展初期并不显著，而随后，随着农业生产效率的逐渐提高，信息化对农业收入的抑制作用将会不断减弱，从而可能在后期对农户总收入呈现出显著的正向影响。接下来，本书将在实证章节对信息化对农户收入的影响及其作用途径进行检验。

# 农村信息化政策演变
# 和发展现状

　　从理论分析上看，信息化对农户收入会有正向影响，但同时会加剧农村内部收入差距。为了更好地对理论假说进行实证检验，需要对农村信息化的相关概念及其在本书中的定义进行介绍和说明，并且需要对我国农村信息化的政策演变和发展现状有所了解。因此，本章首先对农村信息化的概念和本书中的衡量方法进行界定，其次，梳理农村信息化政策演变的三个阶段，并从农村信息基础设施、农业农村信息服务和农业信息技术应用等角度，对我国农村信息化取得的成绩和现存问题进行分析。

## 3.1　农村信息化概念界定

　　我国学者对农村信息化进行了大量宏观定性研究，丰富了农村信息化的内涵。农村信息化是指将现代信息技术全面应用于"三农"发展（梅方权，1997；吴宝华，2001），不仅包含整个农业生产过程，也涉及农村市场、经济、社会和农民生活等方方面面（赵继海等，2002；李道亮，

2009）。其中，现代信息技术主要指的是手机、互联网、移动网络等通信技术，以及计算机、微电子技术、遥感技术、自动化、传媒技术等信息高科技（廖红丰和杨佳，2004；刘世洪等，2006；李道亮，2009）。这些信息技术不仅能够为农村地区带来益农等信息和知识的宣传普及，帮助农户利用信息优化资源配置，也能够对农业生产和环境进行全程监测，并促进产销对接，从而使得农民增产增收，农村经济、社会、资源环境等得以可持续发展。

关于农村信息化水平的测度，我国现有研究主要以波拉特法、层次分析法、主成份分析法等方法进行测算。如蔚海燕（2004）、王爽英和童泽霞（2008）采用波拉特法，分别对我国1994～1998年和2000～2004年的农村信息化水平进行了测算；周蕾和温淑萍（2010）以及丁丽等（2010）运用层次分析法分别对宁夏和河南的农业信息化指标体系进行构建和测算；李思（2010）曾运用主成份分析法对四川省凉山州的农村信息化水平进行了测度。

根据对现有文献以及与农村信息化相关政策文件的梳理，本书将农村信息化定义为通信技术和计算机技术在农村生产、生活和社会管理中实现普遍应用和推广的过程，以信息基础设施建设为根基（朱秋博等，2019），将现代信息技术逐渐应用于农业生产、农村经济和农民生活的各个领域，促进信息资源在农村地区流动和传播。手机信号、互联网和移动网络是我国农村信息化建设的基础信息工程，手机和网络也是我国农村居民获取信息的主要渠道，我国早期的"村村通"和"宽带下乡"等工程为农村信息化的发展打下了良好基础，手机信号、互联网和移动网络等的覆盖和普及程度能够体现我国农村信息化的基本发展水平，也为后期农业信息技术提供了应用基础和条件。

因此，本书选取手机信号、互联网和移动网络三项信息工程在村庄的接入情况作为信息化的代理变量，来分别研究各项信息工程接通对农户收入及收入差距的影响。从手机信号、互联网再到移动网络呈现出了信息化发展的阶段性变化，整个过程时间跨度较长，对三者的影响进行分别研究有利于分析信息化在不同发展时期对农户收入可能存在的影响变化。同时，为了检验信息化的综合影响，在稳健性检验中，本书也使用了指标加总和主成分分析（PCA）两种方法将多项信息工程变量进行合并，再次探讨了信息化综合水平对农户收入的影响效果。

## 3.2 农村信息化政策演变

从 20 世纪末期至今，我国农村信息化政策演变主要经历了三个阶段："十五"计划前的初始阶段，"十一五"至"十二五"时期的快速发展阶段，以及"十三五"和"十四五"规划时期的深度融合发展阶段。

### 3.2.1 初始阶段（"十五"规划前：20 世纪 80 年代至 2004 年）

我国的农业农村信息化起始于 20 世纪 80 年代，其标志为用计算机来建设农林数据库（陈良玉，2007）。1986 年，当时的农牧渔业部发布了我国首个与农村信息化有关的政策文件①（杨诚，2009）。随后，为了建立社会主义市场经济体制，农业部于 1992 年开始推动农业信息系统建设，1994 年组织全国各省份建立农业信息部，并于 1995 年牵头实施我国首个农业信息工程"金农工程"。1999 年，科技部首次对"农业信息化"的内涵进行了正式界定（杨诚，2009），明确指出要将信息技术应用到整个农业生产中去，包括生产环节、农业经营管理以及营销方式等，改造传统农业，利用信息技术提升农业生产效率、促进农业高效发展。② 这一意见使得我国

---

① 《农牧渔业信息管理系统设计》和《农牧渔业部电子计算机应用规则》。

② 科技部出台了《关于农业信息化科技工作的若干意见》，该意见将农业信息化定义为"充分运用信息技术的最新成果，全面实现农业生产、管理、农产品营销、农业科技信息和知识的获取、处理、传播和合理利用，加速传统农业改造，大幅度地提高农业生产效率、管理和经营决策水平，促进农业持续、稳定、高效发展的过程"。

对农业信息化有了初步认识，并逐渐重视起来，对我国未来 20 年的农村信息化建设起到了重要的指导作用。

2001 年起，我国"第十个五年计划"开始实施，农村信息化被列入多个规划纲要之中，"村村通"工程在此期间开启了建设工作。除农业部、科技部外，国家其他相关部门（如国家发展改革委、商务部等）也都逐渐重视农村信息化的建设和发展，多个部门开始联合发布了对于加强农业农村信息化建设工作的详细指导意见。① 随后，从 2004 年起，我国开启了首个全国范围内信息基础设施建设的系统性工程"村村通"，目标实现电话、电视网和互联网等信息设施的全面覆盖，这一工程使得我国农村信息化建设真正落到实处，可操作和目标性大大增强，为后期的农村信息化发展打下了良好的基础。

## 3.2.2　快速发展阶段（"十一五"~"十二五"：2005 ~ 2015 年）

2007 年发布的《全国农业和农村信息化建设总体框架（2007 ~ 2015）》是我国首个针对农业和农村信息化建设的专门政策，为我国这一阶段两个五年规划中的农村信息化建设工作做出了详尽的指导意见和实现目标。2005 年，中央首次在一号文件《中共中央 国务院关于进一步加强农村工作提高农业综合生产能力若干政策的意见》中对推进农村信息化建设做出了明确要求，随后连续几年的一号文件中均指出要不断完善和健全我国农村信息化建设。在此期间，"村村通"工程继续强化实施，为了早日实现村村通电话、乡乡能上网的目标，信息产业部提出了《关于十一五期间自然村通电话工程的实施意见》，为该项目的推进提供了更加详细的指导意见。2006 年，为进一步加强我国的农村信息化

---

① 如国家发展改革委、商务部、农业部等 9 个部门共同印发了《关于进一步加强和改进农产品价格信息服务工作的意见》。

建设，商务部和农业部分别发布了推进农村信息服务建设的相关通知，[①]随之而来的信息服务项目逐渐丰富了农村信息化建设的内容，为之后的建设工作打下良好基础。

"十二五"规划时期，我国农村信息化政策受到高度重视。工业和信息化部、农业部、科技部、商务部和文化部等多部门联合推进我国农村信息化建设，共同制定了《农业农村信息化行动计划（2010～2012年)》。随后，农业部于2011年全面部署了"十二五"时期的全国农村信息化建设工作，从多个方位、多个角度加快推进农业农村信息化建设。尤其是党的十八大以来，"信息化水平大幅提升"成为了全面建成小康社会的一个重要目标，我国通过工业化、信息化、城镇化和农业现代化"四化同步"战略的深入实施，加速推动农业现代化与信息化的融合发展，为农业转型奠定发展基础。

在"十二五"规划末期，农村电商初步发展并得到了政策支持。2015年，国务院办公厅在相关文件中明确提出了要健康、积极地促进农村地区的电子商务发展，[②]加强互联网与农业农村融合发展，打破传统农产品销售模式，引入产业链等现代管理理念和方式，促进产销对接和农业产业化，为农民增收和农村经济发展提供新路径。

### 3.2.3 深度融合发展阶段（"十三五"~"十四五"：2016～2025年）

"十三五"时期，我国加快了农业发展方式的转变，迫切需要将信息技术深入融合到农业发展和农村的经济建设中去。农业部在"十三五"的规划中，对未来农村信息化的发展做出了部署并提出了目标，要充分利用

---

① 如《关于实施新农村商务信息服务体系建设工程的通知》《关于印发社会主义新农村建设示范村（场）信息服务站建设方案的通知》等。

② 《关于大力发展电子商务加快培育经济新动力的意见》和《关于促进农村电子商务加快发展的指导意见》。

互联网等信息化技术引领农业转型，向现代化方向发展。[①] 在这一阶段中，农村电商的发展得到了政府的高度重视和政策扶持，尤其 2017 年中央一号文件《中共中央 国务院关于深入推进农业供给侧结构性改革加快培育农业农村发展新动能的若干意见》明确提出推进农村电商，为其进一步发展指明了方向。国务院、农业部、商务部、财政部等多个部门均出台了与农村电商发展相关的政策支持文件[②]，促进建设农村电商基地和农产品大数据平台，培训电商人才，转变农产品销售模式，树立农村品牌，继续推进电子商务进农村综合示范工作，尤其重视贫困地区农产品的销售，以达到促进农民增收和助推脱贫攻坚的目的，从而引领我国向现代农业转型。

"十四五"时期，我国进入了加快发展农村信息化的新阶段。这一时期的规划旨在以信息化引领推动农业农村现代化，全面提升农业生产效率和农村治理水平。重点转变为以数字化技术为支撑，发挥数据生产要素作用，推动智慧农业和数字乡村建设。主要措施包括进一步加强信息基础设施建设，推广应用先进数字技术，提升农村公共信息服务水平，推进农业全产业链的数字化转型，以实现农业生产的精准化、智能化和高效化，提高农业生产力，促进农民增收和农村经济发展，同时加快实现乡村全面振兴。[③]

## 3.3　农村信息化发展现状

### 3.3.1　农村信息基础设施

21 世纪初期以来，我国政府高度重视农村信息基础设施建设，大力推

---

① 《"十三五"全国农业农村信息化发展规划》，农业部，2016，http：//jiuban. moa. gov. cn/zwllm/zwdt/201609/t20160901_5261564. htm。

② 如《国务院关于积极推进"互联网+"行动的指导意见》《关于深化农商协作大力发展农产品电子商务的通知》《关于开展 2019 年电子商务进农村综合示范工作的通知》等。

③ 《"十四五"全国农业农村信息化发展规划》，农业农村部，2022，http：//www. moa. gov. cn/govpublic/SCYJJXXS/202203/t20220309_6391175. htm。

进农村信息化发展。伴随着"村村通""宽带下乡"等信息化项目的大规模实施，我国于2018年提前实现了《"十三五"全国农业农村信息化发展规划目标》，农村信息化建设取得了显著成效：开通互联网行政村的比例从2010年的80.10%增长到2016年的96.51%（见图3－1）。截至2016年，我国村庄通电话、安装有线电视以及拥有电子商务配送站点的比例已经分别达到了99.5%、82.8%和25.1%；[①] 截至2020年底，我国行政村通光纤和通4G比例均超过98%[②]，实现了全球领先的农村网络覆盖，试点平均速率超70M，基本实现了农村城市"同网同速"。[③] 广大农村及偏远地区贫困农户均能够同步享受信息社会的便利。

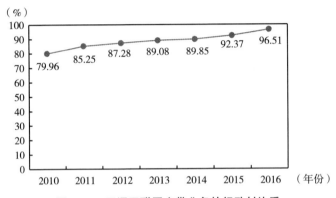

**图3－1　开通互联网宽带业务的行政村比重**

资料来源：国家统计局。

在村庄信息基础设施逐渐完善的情况下，手机、互联网等信息工具普及程度快速增加，农村网民规模和信息用户大幅提升。农村地区互联网普及率从2005年的2.6%快速增长到2023年的66.5%（见图3－2）；农村居民移动电话每百人拥有量从2000年4.3部增长到2014年215部（见图3－3），意味着平均每户农村居民拥有至少2部手机；电脑普及率也在增加，但目

———————————

① 《第三次全国农业普查主要数据公报（第三号）》，国家统计局，2017，http://www.stats.gov.cn/tjsj/tjgb/nypcgb/qgnypcgb/201712/t20171215_1563589.html。

② 《"十四五"全国农业农村信息化发展规划》，农业农村部，2022，http://www.moa.gov.cn/govpublic/SCYJJXXS/202203/t20220309_6391175.htm。

③ 《第45次中国互联网络发展状况统计报告》，中国互联网络信息中心（CNNIC），2020，http://www.cnnic.net.cn/hlwfzyj/hlwxzbg/hlwtjbg/202004/P020200428596599037028.pdf。

前使用率仍然较低，2014 年家用计算机每百户拥有量仅为 23.5 台（见图 3-3）。截至 2019 年，我国农村宽带用户总数达 1.35 亿户，较 2018 年底增长 14.8%；截至 2020 年 3 月，我国农村网民规模达到 2.55 亿，占全部网民比例的 28.2%，较 2018 年底增长 3308 万。[①] 手机、互联网成为了我国农村居民获取信息的主要渠道。

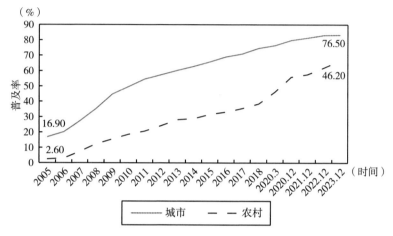

**图 3-2 城乡互联网普及率**
资料来源：中国互联网络信息中心（CNNIC）。

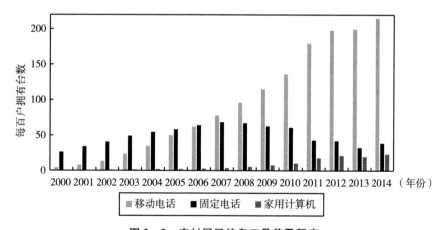

**图 3-3 农村居民信息工具普及程度**
资料来源：国家统计局。

---

① 《第 45 次中国互联网络发展状况统计报告》，中国互联网络信息中心（CNNIC），2020，http：//www. cnnic. net. cn/hlwfzyj/hlwxzbg/hlwtjbg/202004/P020200428596599037028. pdf。

除了基础设施外，国务院、商务部和农业部等部门围绕"互联网＋农业"、农产品电商、电商扶贫等重要领域提出了一系列推动农业农村信息化发展的重要举措。2018 年，全国有 28 个省份出台了"互联网＋"行动实施方案，"信息进村入户"工程 2017 年在 18 个省份开展了整省推进。[①]截至 2020 年，全国农产品网络零售额达到 5758.8 亿元，比 2015 年增长2.8 倍。[②] 信息化的普及和发展极大地改变了我国农户的生产和生活方式，脱贫成效显著。

但是，尽管我国农村地区基础设施发展成效显著，仍与城市地区有一定差距。2023 年底，城市地区互联网普及率为 83.30%，比农村地区高 16.8%（见图 3 – 2）。为了避免城乡"数字鸿沟"的扩大以及促进农村地区经济发展，应加强农村地区信息普及，早日打通农村信息化"最后一公里"。

## 3.3.2 农业农村信息服务

近年来，我国农村的信息服务能力显著提高，主要得益于"信息进村入户"工程的推进。该项工程的主要目的是在农村地区建立益农信息服务社，从而提升村庄的整体信息服务能力，试图为农民提供全面的生产和生活信息，如新品种、新技术等农业生产信息，电子商务培训等农产品销售信息，教育、医疗、就业、查询等便民服务信息，以及向村民定期进行政策法规信息宣传、公务公开监督等。2020 年底，在"信息进村入户"工程的实施下，我国共建成运营益农信息社 45.40 万个，累计提供各类服务6.5 亿人次。[③] 不仅如此，我国还对村级信息员进行了大力度的培训，截至2018 年，累计培训人次达到 53.6 万，这些信息员为农民提供了 2.33 亿人次的便民服务，以及 7900 万人次的公益服务，全国通过电子商务进行农产

① 《国务院政策例行吹风会：深入推进"互联网＋农业"促农业一二三产业融合发展！》，https：//www.sohu.com/a/238938521_799855。

②③ 《"十四五"全国农业农村信息化发展规划》，农业农村部，2022，http：//www.moa.gov.cn/govpublic/SCYJJXXS/202203/t20220309_6391175.htm。

品交易的数额达到 167 亿元。[①] 越来越多的政务服务以及水电气缴费、买票、教育、医疗、金融等公益服务、便民服务同城市一样均实现了在线化办理，让农民在村内就能够享受到便捷的服务。

此外，农业部也开始在全国推动农业大数据等资源平台的建立，使得农产品市场信息透明化、农业生产信息得以公开、农产品质量安全溯源尽快实现。截至 2020 年，我国已经初步构建农业农村大数据体系，粮、棉、油、糖、畜禽产品、水产品、蔬菜、水果等 8 类 15 个品种的农产品全产业链大数据试点取得初步成效，总结推广了 38 项农业农村大数据实践案例。[②] 未来，我国将继续对农业农村的大数据机制和模式进行不断探索和完善，逐渐向农业农村数据化、智能化、便捷化等现代化方向发展。

### 3.3.3 农业信息技术应用

农业信息技术应用是指将现代信息技术引入农业生产经营管理中。它在农业上的集中体现是，转变传统农业生产方式，实现精准作业，如农田遥感监测、环境监测、虚拟农业等先进农业技术的应用和发展，不仅带来了农业生产效率的提升，也使得资源得以合理有效地利用，从而促进农业可持续发展。

农业信息技术的普及也是农村信息化建设的组成部分，但在我国农业领域的应用起步较晚，与发达国家相比仍有一定距离。这主要是由于我国农业产业化、规模化程度不高，而采用先进农业信息技术往往需要较大投入，这对于小规模农户来说效益不高。且由于我国农民信息化意识和信息利用能力仍然较弱，农村地区的信息技术人才短缺，制约了信息技术在农业上的广泛应用和进一步发展。

---

① 《农业农村信息化发展前景及政策导向》，农业农村部，2018，http：//www.sohu.com/a/229174972_261655。

② 《"十四五"全国农业农村信息化发展规划》，农业农村部，2022，http：//www.gov.cn/govpublic/SCYJJXXS/2020/t20220309_6391175.htm。

在农业部的政策引领下，我国农业生产技术信息化已初见雏形。农业农村部从 2013 年起启动了农业物联网区域示范工程，又从 2017 年起在国家现代农业示范区开启了数字农业建设试点项目，在畜牧业、种植业、水厂养殖业等多个农业产业组织开展精准作业和建设试点，探索农业技术信息化的应用方式。[①] 目前，远程监测和控制、精准农业、智能催芽、自动投喂等线上农业正在我国农村地区逐步成型；智能化、产业化的农场管理体系、电子商务等农业经营网络化快速发展，有效解决了农户产销信息不对称问题，也使得小农户能够与现代农业发展形成有机衔接。据中国互联网协会发布的《中国互联网发展报告 2019》显示，我国 2018 年农业数字经济占行业增加值比重为 7.3%，较 2017 年提升 0.72 个百分点，农业数字化水平逐年提高，发展潜力较大。随着互联网等现代信息技术的不断更新，促进信息技术与农业生产和农村经济发展的深度融合，将成为农村信息化进一步发展的必然要求。

---

① 《农业农村信息化发展前景及政策导向》，农业农村部，首届数字中国建设峰会，2018，http：//www. sohu. com/a/229174972_261655。

第**4**章

Chapter 4

# 农村信息化对农户
# 收入的影响*

## 4.1 研究背景

让农民收入持续稳定增长，是打好精准脱贫攻坚战的重要前提，更是建设社会主义的本质要求。为保障农民收入持续稳定增长，党和国家在 21 世纪以来做了大量努力，特别是基础设施互联互通，其中两项尤为重要的工作是农村信息化的发展和道路交通条件的改善。从农村信息化发展方面看，"村村通""宽带下乡""信息进村入户"等信息工程陆续在我国农村地区实施。截至 2020 年底，我国行政村通光纤和通 4G 比例均超过 98%，农村地区互联网普及率达 55.9%，宽带用户总数达 1.42 亿户，农村居民平均每百户拥有移动电话 261.2 部。[①] 从道路交通建设方面看，全国具备条件的乡镇和建制村都通了硬化路，截至 2023 年底，农村公路总里程达到

---

\* 本章主要内容公开发表于《经济学（季刊）》2022 年第 1 期。

① 《"十四五"全国农业农村信息化发展规划》，农业农村部，2022，http://www.moa.gov.cn/govpublic/SCYJJXXS/202203/t20220309_6391175.htm。

460 万千米。①

从现有文献上来看，关于道路交通对促进我国农户收入增加的作用，学者们总体上持肯定意见（Estache，2003；鞠晴江和庞敏，2006）。可见，有形的"硬"道路能够促进农民增收。但现代社会是信息社会，实现互联互通除了交通这一"硬道路"，更为重要的是另外一种"软道路"——信息通道。那么，作为无形的"软道路"，即信息化基础设施，能否在农村地区对农民收入增长和收入差距缩小方面像"硬道路"那样发挥积极的作用？在整个信息技术进步的变迁过程中，信息化的影响是否会发生动态变化？增收效应又是否具有可持续性？

目前，并非所有的实证研究均支持信息化促进农户收入增长的理论预期，原因可能有以下几点：（1）信息化的使用存在成本门槛，同时受制于农户利用信息的能力，导致信息化无法发挥作用或者无法在短期内促进农户收入增长。这意味着，在实证研究中，如果利用跨期较短或较为早期的数据就很容易得出信息化无效的结论；（2）较少有文献深入研究信息化对农户不同来源收入的影响，各种影响之间可能存在反向关系，导致部分文献并未发现信息化对农户总收入的显著影响；（3）现有文献对于信息化与农户收入因果效应的识别存在不足，信息化变量的内生性问题处理并不完善，导致部分研究结果有偏。

基于这些问题，本章将使用 2004～2014 年全国农村固定观察点农户面板数据和信息化情况补充追踪调查数据，采用工具变量法、匹配倍差法和多种稳健性检验，重点研究农村信息化对农户农业收入、非农工资性收入和总收入的不同作用和动态影响。

---

① 《继续推进"四好农村路"高质量发展》，交通运输部，2024，https：//www. chinacoop. gov. cn/news. html?aid = 1802312。

## 4.2 实证方法与数据说明

### 4.2.1 实证方法

#### 1. 收入与信息化的测度

本章实证模型中主要的被解释变量有三个：农户家庭人均纯收入、人均农业纯收入和人均工资性收入。其中，家庭人均纯收入直接来自固定观察点调查指标，人均工资性收入和农业纯收入则根据固定观察点数据计算得出，分别是农户家庭成员乡村干部及教师工资收入、本地从业工资性收入、外出从业工资性收入的加总后人均以及农户家庭粮食作物、经济作物、园地作物、畜牧业、水产业、林业收入总和减去各项生产成本的总和后人均。本章以 2004 年为基期，利用各省市农村居民消费价格指数对后文所有涉及收入的指标进行了平减。

在信息化变量的度量上，本章采用两种度量方法：一是村级层面的信息化综合水平指标；二是单项信息工程接通指标。信息化综合水平指标为村庄接通手机信号、互联网、2G、3G 移动网络的数量，① 该变量取值范围为 0 至 4，取值为 0 代表村庄并未接通任何信息工程，取值为 4 代表村庄接通了四项信息工程；② 单项信息工程接通指标为村庄手机信号、互联网、3G 移动网络接通与否。其中，选取村级层面信息化变量的原因是：（1）村级层面信息工程的接入时间较容易观察和度量，测量误差较小，伴

---

① 本章所使用的调研数据中也包含了村庄 2G 移动网络的接通时间。在稳健性检验中，为了较为全面地衡量各村庄信息化的综合水平，本章将手机信号、互联网、2G 和 3G 移动网络四项信息工程接通情况均纳入村庄信息化水平的考量中。

② 本章实际上采取了两种办法对手机信号、互联网、2G 和 3G 移动网络工程变量进行合并，一是四项信息工程加总变量，二是利用主成分分析法（PCA）对四项信息工程变量进行降维处理，形成一个综合指数来代表村庄信息化水平。两种信息化水平度量的模型结果一致，主成分分析法（PCA）的模型结果请见附录 C。

随着我国农村信息基础设施建设，手机信号、互联网以及移动网络等信息工程陆续在农村地区接入，这为本章获取村级数据提供了便利；（2）本章能够获取户级层面的信息化变量有限，固定观察点中所包含的"家庭是否使用互联网"变量是从 2009 年才开始进行调查的，不仅指标单一，且能用数据的样本量较小、时间范围短，而村级信息化变量在指标维度、样本量和面板长度上更具优势。此外，选取两种测量方法的原因是：（1）信息化综合水平指标能够较全面地代表农村地区的信息基础设施建设情况，有利于考察信息化的综合影响；（2）单项信息工程接通对农户收入的不同影响可以体现信息技术变迁对农户收入的动态影响。这是因为，手机信号和互联网代表了信息技术从无到有的变化，而 3G 移动网络则进一步体现了信息传输速度的更新换代，有利于本章评估信息技术进步的影响。

### 2. 实证模型

本章实证分析的难点是解决好模型中由于反向因果和遗漏变量所导致的内生性问题，主要采取了以下方法。首先，选取村级层面信息化变量来减弱由反向因果带来的内生性问题。这是因为，农户层面是否使用手机、网络等选择与家庭收入以及个人特征等一些非可观测因素高度相关，存在很强的自选择问题，而村级层面信息化接通与否很大程度上由村庄的特征决定，这些特征往往更容易被识别和控制，且由于我国农村地区的大多数信息工程是由中央或各地方省市级政府统一规划建设，尽管这与一个地区的经济水平有一定关系，但在一个县域内，这种规划与单个农户的收入水平、单个乡镇的经济水平都没有直接的关系。本章也在稳健性检验中排除了村级信息工程接通与农户收入的反向因果关系。其次，为了进一步解决由遗漏变量带来的内生性问题，本章采用了另外两种方法：

（1）在检验信息化综合水平对农户收入的总体影响时，本章采用了工具变量法。借鉴王等（Wang et al.，2019）的方法，选取村庄是否有国家"八纵八横"光缆干线通过作为工具变量。国家"八纵八横"光缆干线网始建于 1986 年，于 2000 年建成，并成为了后期固网和移动运营业务的基础网络（汤博阳，2008）。因此，村庄是否有国家"八纵八横"光缆干线通过很可能满足工具变量外生性和相关性的要求。但该变量不随时间变化，无法直接用于面板数据的固定效应模型，所以本章参考已有文献，将村庄是否有国家"八纵八横"光缆干线通过与年份哑变量的交互项作为工具变量（刘冲等，2013；Meng et al.，2015；Bai and Jia，2016）。为了验证外生性，本章借鉴方颖和赵扬（2011）的方法，将信息化变量与工具变量同时对农户收入进行回归，如果工具变量仅通过内生变量来影响农户收入，那么在上述回归方程中，在控制了内生变量的情况下，工具变量应该对农户收入不具有显著影响，反之，则意味着工具变量可能会通过其他路径或遗漏变量对农户收入产生影响。后面的检验结果显示，该工具变量具备外生性和相关性条件。

具体模型设定如下：

$$I_{vt} = \alpha_1 + \sum \beta_{1t} IV_v \times T_t + \gamma_1 X_{it} + \sigma_1 X_{vt} + \mu_i + v_t + \varepsilon_{it} \quad (4-1)$$

$$Y_{it} = \alpha_2 + \beta_2 \hat{I}_{vt} + \gamma_2 X_{it} + \sigma_2 X_{vt} + \mu_i' + v_t' + \varepsilon_{it}' \quad (4-2)$$

其中，$Y_{it}$ 代表农户的人均纯收入（人均工资性收入、人均农业纯收入）；$\sum \beta_{1t} IV_v \times T_t$ 代表工具变量组，其中，$IV_v$ 为农户所在村庄 $v$ 是否有国家"八纵八横"光缆干线通过，由于国家"八纵八横"光缆干线是以城市为重要节点搭建，该工具变量的具体定义为，如果村庄位于节点城市，则视为村庄有光缆干线通过，赋值为 1，否则为 0，$T_t$ 表示各年份的 0 - 1 虚拟变量；$I_{vt}$ 表示村庄信息化综合水平，即农户所在村庄 $v$ 在第 $t$ 年接通信息工程的数量，$\hat{I}_{vt}$ 代表村庄信息化综合水平的预测值；$X_{it}$ 和 $X_{vt}$ 分别表示其他影响农户收入的户级和村级层面的控制变量；$\mu_i(\mu_i')$、$v_t(v_i')$ 分别代表农户固定效应和年份固定效应；$\varepsilon_{it}(\varepsilon_{it}')$ 为误差项；系数 $\beta_2$ 则为本章最关注的信息化影响参数。

（2）在检验信息技术进步（不同信息工程接通）对农户收入的动态影响时，本章采用了匹配倍差法，并通过在模型中加入农户固定效应和尽可能多的控制变量减弱由遗漏变量导致的内生性问题。21 世纪初以来，手机信号、互联网以及移动网络等信息工程陆续在农村地区接入，因此，单项信息工程的接通可以当作一项技术进步的自然实验，利用倍差法就可以识别其所产生的作用效果。为保证接通信息村庄农户与未接通信息村庄农户之间的同质性，本章首先应用倾向得分匹配法对样本农户进行匹配，其次使用匹配后的数据进行倍差法模型分析，以此来实现倍差法所规定的处理组和对照组之间长期趋势相同的前提假定。由于各村庄手机信号、互联网和移动网络的接通时间并不统一，且在样本年份中始终没有接通信息工程的村庄数很少，无法固定一个明确的对照组，因此，本章参考贝克（Beck et al.，2010），通过双向固定效应模型实现多期倍差法（Time-varying DID），并借鉴王庶和岳希明（2017）的方法，在倍差法之前进行分年度的倾向得分匹配。

匹配的具体做法如下：选取当年接通信息工程农户前一年的各项指标与当年未接通信息工程农户前一年的指标数据进行倾向得分匹配，例如，对于 2008 年接通互联网的农户来说，用其 2007 年的各项指标与 2008 年没有接通互联网农户的 2007 年数据进行匹配，各年匹配之后去除处于共同支撑区域外的样本，最终使用匹配后的样本进行双重差分。在匹配协变量的选择上，本章重点加入了与村庄信息需求和信息建设成本相关的村庄特征变量，如村庄年末常住人口、村庄人均纯收入、村庄距离公路干线距离、村庄是否处于山区。此外，还包括了家庭和户主特征变量：家庭类型、家庭收入主要来源、家庭经营主业[1]、是否国家干部职工户、是否乡村干部户、家庭人口数、人均耕地面积、人均收入，户主性别、年龄、受教育程度、是否受过农业技术教育或培训。本章的匹配为针对每项信息工程按照年份单独匹配，因此共计匹配 23 次。[2]

---

[1] 家庭类型包括：核心家庭、直系家庭、扩展家庭、不完全家庭、其他；家庭收入主要来源包括：家庭经营为主、私营企业经营为主、受雇劳动者为主、受雇经营者为主、国家干部职工和乡村干部工资为主、其他；家庭经营主业包括：农业、非农业。

[2] 各年份进行匹配的时候，由于手机信号从 2010 年之后几乎所有村庄都已经接通，所以只能对 2004～2009 年手机信号接通与否的农户进行匹配，匹配 6 次；3G 移动网络是从 2009 年才开始接通，所以只能对 2009～2014 年 3G 移动网络接通与否的农户进行匹配，匹配 6 次；互联网进行全年份匹配，匹配 11 次；匹配方法选择半径匹配法，半径设置为 0.001。

对样本农户进行匹配后，本章设定的多期倍差法回归方程如下：

$$Y_{ivt} = \alpha_3 + \beta_3 D_{ivt} + \gamma_3 X_{it} + \sigma_3 X_{vt} + \mu_i'' + v_t'' + \varepsilon_{ivt}'' \qquad (4-3)$$

其中，$Y_{it}$ 代表农户的人均纯收入（人均工资性收入、人均农业纯收入）；$D_{vt}$ 表示村庄 $v$ 在第 $t$ 年是否接通了某种信息工程（ICT），包括手机信号、互联网或 3G 移动网络，即农户所在村庄在每项信息工程首次接入当年及以后所有年份均设置为 1，之前所有年份则设置为 0；$X_{it}$ 和 $X_{vt}$ 分别表示其他随时间变动并影响农户收入的户级和村级层面的控制变量；$\mu_i''$ 和 $v_t''$ 分别代表农户个体固定效应和年份固定效应；$\varepsilon_{it}''$ 为误差项；系数 $\beta_3$ 则为本章最关注的信息工程影响参数。

此外，为了检验匹配倍差法结果的可靠性，本章进行了以下两项稳健性检验：（1）在村级层面上检验村庄经济水平是否会影响信息工程的接通，以排除农户收入与村庄信息工程接通的反向因果关系；（2）为了进一步检验因农户真正使用了信息化工具而带来的收入效应，本章使用固定观察点数据中的"家庭是否使用互联网"变量对农户收入进行实证检验。

## 4.2.2　数据与统计分析

### 1. 数据来源

本章主要数据来源于农业农村部的全国农村固定观察点调查体系的调查，样本年份为 2004～2014 年。调查核心内容包括农户及家庭成员特征、土地和固定资产、家庭生产经营、家庭收支和家庭消费、村庄经济发展状况等方面的详细情况，为本章的实证分析提供了良好的数据基础。

本书研究时，在中国农业大学全校范围内招募固定观察点村庄（或附近村庄）生源的学生[①]，于 2018 年 2 月 1 日至 2018 年 3 月 1 日进行寒假返

---

[①]　选取中国农业大学学生进行返乡调研的原因如下：（1）中国农业大学是 211 和 985 高校，学生素质水平普遍较高，有利于问卷质量的保证；（2）中国农业大学学生多以与农业相关专业的学习为主，对"三农"了解较为深入，有利于顺利开展入村调研。

乡调研，该调研以咨询村干部及村庄的信息工程相关负责人为主，对村庄信息化情况进行问卷调查[①]，同时以录音、现场拍照、村干部身份证明等多种形式进行督查反馈，以保证问卷的完成质量。最终招募了 50 名学生参与此项调研，[②] 每人负责一个村庄，共完成问卷 45 份。在对问卷质量进行检查以及与农户数据对接清理后，保留了 35 个样本村庄进行本章的研究，涵盖了北京、天津、河北、山西、辽宁、黑龙江、浙江、安徽、福建、山东、河南、湖南、广西、四川、云南、重庆、甘肃、青海和宁夏 19 个省份共 35 个固定观察点村庄，各村庄三项信息工程接通时间统计见表 4 - 1。

表 4 - 1　　　　　　2004 ~ 2014 各年份接通各项信息工程的村庄数

| 接通时间 | 手机信号 | 互联网 | 3G 移动网络 |
|---|---|---|---|
| 2004 年以前 | 28 | 11 | 0 |
| 2004 年 | 1 | 1 | 0 |
| 2005 年 | 1 | 2 | 0 |
| 2006 年 | 2 | 2 | 0 |
| 2007 年 | 1 | 5 | 0 |
| 2008 年 | 1 | 0 | 0 |
| 2009 年 | 0 | 3 | 3 |
| 2010 年 | 1 | 3 | 6 |
| 2011 年 | 0 | 2 | 2 |
| 2012 年 | 0 | 1 | 7 |
| 2013 年 | 0 | 3 | 2 |
| 2014 年 | 0 | 0 | 5 |
| 2014 年以后 | 0 | 2 | 6 |
| 共计 | 35 | 35 | 31 |

此 35 个样本村庄合计包含 2004 ~ 2014 年原始农户数据 19895 份，在经过清理并进行倾向得分匹配后，三项信息工程最终实证模型所应用的观

---

① 调研问卷内容详见附录 A。
② 由于固定观察点样本村的分布与省份的经济发展水平与人口基本成正比，大学生来源分布也大体与此一致，因此，我们可以认为这个按照样本村来源地招募学生（及对应的样本村）的过程是随机的。

察值范围为 7011~13024，该数据为非平衡面板数据①。

补充调查的数据表明，本章所用数据时期非常适合研究农村信息化的影响。这是因为，2004 年之前农村的信息工程覆盖率过低，2014 年之后的覆盖率又过高，这会导致信息化变量的变异程度较小，不利于识别其影响。而刚好在此期间（2004~2014 年），村庄信息工程的建设处于快速发展阶段（见图 4 - 1），特别是互联网和 3G 信息工程覆盖面迅速增长，这有助于本章更加清楚和稳健地检验信息化对农户收入影响的净效应。

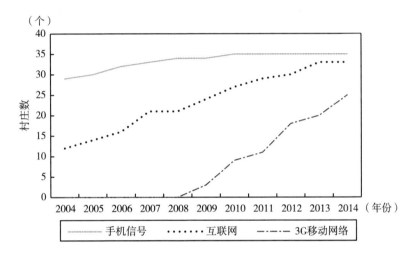

**图 4 - 1    2004~2014 年各年份累计接通各项信息工程的村庄数**
资料来源：国家统计局。

## 2. 描述性统计分析

样本农户人均收入的增长趋势变化如图 4 - 2 所示②。从收入水平上来看，农户家庭人均总纯收入由 2004 年的 3674.74 元增长到 2014 年的

①  由于固定观察点村庄中存在较多缺失值，因此在进行数据清理之后损失一部分样本，此外，在对农户进行样本匹配过程中，根据不同的信息工程变量，样本的损失量为 15% 左右；本章也曾尝试使用完全平衡面板，但因为实证模型较多（三个信息工程自变量和三个收入因变量），再加上其他控制变量，剔除所有变量的缺失值以及不完全连续农户后样本损失较为严重，为了保证实证结果更为稳健，本章优先选择使用样本量较大的非平衡面板数据进行后文的实证分析。

②  本章以 2004 年为基期，利用各省市农村居民消费价格指数对后文所有涉及收入的指标进行了平减。

10943.78 元，年均增长 11.53%；人均工资性收入由 2253.80 元增长到
6209.88 元，年均增长 10.93%，成为了农户家庭总收入的主要增长动
力；而人均农业纯收入在这 11 年间没有表现出增长趋势，反而由 2004
年的 1614.17 元下降到 2014 年的 1548 元。从收入结构上来看，农户
收入结构在样本年间发生了显著变化，工资性收入成为了农户最主要
的收入来源，2014 年占比达到了 56.74%，而人均农业纯收入比重大
幅降低，2014 年仅为 14.15%；除农业和工资性收入外，农户还有财
产性收入及转移支付收入等，这些收入也在稳定增长，2014 年占比将
近 30%。

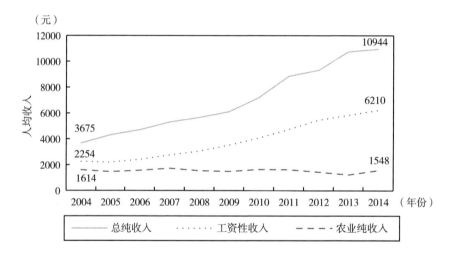

图 4-2　2004~2014 年农户收入增长趋势变化

接下来，为了直观地反映农村信息工程与农户人均收入之间的关系，
本章对样本内农户的人均收入进行了统计（见表 4-2）。可以发现，除了
接通手机信号村庄农户的农业纯收入低于未接通村庄农户外，其余所有接
通信息工程村庄农户的人均纯收入、工资性收入和农业纯收入均高于未接
通地区。

表 4 - 2　　　　　信息工程接通与未接通村庄农户的人均收入比较

| 类别 | 变量 | 未接通 | | | 接通 | | |
|---|---|---|---|---|---|---|---|
| | | 观察值 | 均值 | 标准差 | 观察值 | 均值 | 标准差 |
| 手机信号 | 人均纯收入 | 403 | 4282.08 | 2809.85 | 17493 | 7352.69 | 8157.53 |
| | 人均工资性收入 | 486 | 2059.62 | 1731.76 | 15655 | 4075.12 | 4360.11 |
| | 人均农业纯收入 | 699 | 1731.79 | 2217.04 | 18964 | 1526.21 | 2658.15 |
| 互联网 | 人均纯收入 | 4938 | 5444.30 | 6758.83 | 12958 | 7984.43 | 8436.91 |
| | 人均工资性收入 | 5116 | 3237.44 | 4020.46 | 11025 | 4374.99 | 4403.45 |
| | 人均农业纯收入 | 6043 | 1210.98 | 2267.97 | 13620 | 1676.63 | 2782.75 |
| 3G移动网络 | 人均纯收入 | 12277 | 6103.28 | 6805.28 | 4181 | 10376.10 | 10206.70 |
| | 人均工资性收入 | 11020 | 3409.08 | 3684.21 | 3693 | 5623.41 | 5576.57 |
| | 人均农业纯收入 | 13896 | 1512.10 | 2424.33 | 4186 | 1783.50 | 3380.01 |

参照已有研究，模型中还引入反映户主个体特征、家庭特征和村庄经济条件的三组控制变量。具体来说有户主性别、年龄、受教育程度、乡村干部身份、是否受过农业技术教育或培训、家庭经营主业、家庭劳动力比例、家庭人均耕地面积和村庄距离公路干线距离以及村庄人均纯收入（程名望等，2014；程名望等，2015）。表 4 - 3 汇报了模型中涉及变量的设置和样本统计特征。

表 4 - 3　　　　　　　　　变量设置和样本统计特征

| 类别 | 变量 | 变量设置/单位 | 观察值 | 均值 | 标准差 |
|---|---|---|---|---|---|
| 信息工程 | 手机信号 | 接通 =1；未接通 =0 | 385 | 0.95 | 0.21 |
| | 互联网 | 接通 =1；未接通 =0 | 385 | 0.68 | 0.47 |
| | 3G 移动网络 | 接通 =1；未接通 =0 | 341 | 0.25 | 0.43 |
| | 信息化综合水平 | 接通数量 | 330 | 2.46 | 1.18 |
| 工具变量 | 村庄是否通过国家"八纵八横"光缆干线 | 是 =1；否 =0 | 385 | 0.69 | 0.46 |
| 农户收入 | 人均纯收入 | 元 | 17896 | 7283.54 | 8088.98 |
| | 人均工资性收入 | 元 | 16141 | 4014.43 | 4318.22 |
| | 人均农业纯收入 | 元 | 19663 | 1533.52 | 2643.96 |

续表

| 类别 | 变量 | 变量设置/单位 | 观察值 | 均值 | 标准差 |
|------|------|------|------|------|------|
| 控制变量 | 户主性别 | 男=1；女=0 | 19651 | 0.94 | 0.24 |
| | 户主年龄 | | 19611 | 54.24 | 11.20 |
| | 户主受教育程度 | 年 | 19258 | 6.71 | 2.44 |
| | 户主乡村干部身份 | 是=1；否=0 | 19895 | 0.04 | 0.20 |
| | 户主是否受过农业技术教育或培训 | 是=1；否=0 | 19377 | 0.08 | 0.28 |
| | 家庭经营主业 | 农业=1；非农业=0 | 19614 | 0.84 | 0.37 |
| | 家庭劳动力比例 | % | 19663 | 68.08 | 32.96 |
| | 家庭人均耕地面积 | 亩 | 16393 | 2.60 | 4.22 |
| | 村庄人均纯收入 | 元 | 359 | 6284.88 | 4704.52 |
| | 村庄距离公路干线距离 | 千米 | 368 | 3.83 | 10.71 |
| | 村庄人口数 | 人 | 366 | 1845.90 | 1251.45 |
| 其他变量 | 家庭农业非农劳动时间 | 日 | 19408 | 348.103 | 382.573 |
| | 家庭农业劳动时间 | 日 | 19664 | 150.409 | 183.226 |
| | 农业生产费用 | 元 | 19674 | 2939.544 | 5584.513 |

注：该表为匹配之前所有农户样本统计特征。由于三项信息工程分别进行匹配且匹配次数较多，每项信息工程匹配后保留的样本不尽相同，因此不易汇总匹配后的样本统计特征。

## 4.3 农村信息化对农户收入和收入结构的总体影响

本章首先对工具变量"村庄是否有国家'八纵八横'光缆干线通过"进行了外生性和相关性条件的检验。结果显示，该工具变量满足外生性要求（见表4-4），这说明如果"八纵八横"光缆干线的建设对村庄经济或农户收入有影响，也只是通过本章考虑的信息工程的接入实现的，不存在其他显著影响村庄或农户收入的途径。检验结果也表明，该工具变量满足相关性要求，这可以从表4-5的回归结果的一阶段F检验结果看出，即有"八纵八横"光缆干线通过与村庄信息化水平高度相关。

表 4-4 农户人均纯收入工具变量外生性检验

| 自变量 | 农户人均纯收入 | |
|---|---|---|
| 信息化综合水平 | 633.474 *** <br> (87.035) | 742.399 *** <br> (104.438) |
| 是否有国家"八纵八横"光缆干线通过 | -501.099 <br> (431.334) | -521.435 <br> (376.142) |
| 控制变量 | 否 | 是 |
| R$^2$ | 0.300 | 0.334 |
| 观察值 | 13024 | 13024 |

注:(1)括号中数字为标准误;(2) * 、** 、*** 分别表示10%、5%、1%的显著性水平;控制变量包括年份固定效应、省份固定效应、户主性别、年龄、受教育程度、乡村干部身份、是否受过农业技术教育或培训、家庭经营主业、家庭劳动力比例、家庭人均耕地面积、村庄距离公路干线距离、村庄人口数和村庄人均纯收入;(3)回归模型均使用了聚类标准误(省份层面)。

表 4-5 信息化对农户收入影响的 2SLS 估计结果

| 变量 | 人均纯收入 | 人均工资性收入 | 人均农业纯收入 |
|---|---|---|---|
| 信息化综合水平 | 2312.359 *** <br> (669.155) | 1025.196 *** <br> (327.719) | -286.653 ** <br> (144.596) |
| 户主性别 | 212.087 <br> (410.879) | -89.192 <br> (293.006) | 128.026 <br> (197.413) |
| 户主年龄 | 5.934 <br> (15.749) | -2.839 <br> (6.875) | -6.707 <br> (5.118) |
| 户主受教育程度 | 34.176 <br> (57.522) | 44.904 * <br> (26.153) | -57.755 *** <br> (22.173) |
| 户主乡村干部身份 | -554.319 <br> (502.998) | -609.842 ** <br> (241.572) | -26.668 <br> (150.502) |
| 户主农业技术教育或培训 | -119.130 <br> (288.756) | 510.398 *** <br> (138.531) | -140.578 <br> (96.029) |
| 家庭经营主业 | -1965.189 *** <br> (257.290) | -264.735 <br> (166.987) | -37.158 <br> (88.830) |
| 家庭劳动力比例 | 27.234 *** <br> (3.002) | 18.968 *** <br> (1.512) | 4.823 *** <br> (1.033) |

续表

| 变量 | 人均纯收入 | 人均工资性收入 | 人均农业纯收入 |
|---|---|---|---|
| 家庭人均耕地面积 | 141. 646 ** <br>(68. 796) | - 9. 574 <br>(11. 338) | 157. 431 *** <br>(6. 774) |
| 村庄距离公路干线距离 | 136. 333 *** <br>(33. 670) | 31. 662 *** <br>(12. 206) | - 34. 508 *** <br>(9. 460) |
| 村庄人口 | 1. 524 *** <br>(0. 352) | - 0. 154 <br>(0. 154) | 0. 563 *** <br>(0. 097) |
| 村庄人均纯收入 | 0. 360 *** <br>(0. 034) | 0. 122 *** <br>(0. 019) | 0. 029 ** <br>(0. 014) |
| 年份固定效应 | 是 | 是 | 是 |
| 省份固定效应 | 是 | 是 | 是 |
| $R^2$ | 0. 173 | 0. 239 | 0. 074 |
| 观察值 | 11568 | 10266 | 11903 |

注：（1）括号中数字为标准误；（2）＊、＊＊、＊＊＊分别表示 10%、5%、1% 的显著性水平；（3）回归模型均使用了聚类标准误（省份层面）。

表 4 - 5 汇报了信息化（综合水平）对农户收入的影响结果。结果表明，信息化显著提高了农户人均纯收入和工资性收入，但降低了农户的农业纯收入。

本章进一步初步检验信息化导致农户工资性收入增加而农业收入减少的原因。结果发现，信息化对农户非农劳动时间具有显著的正向影响，而对农户农业劳动时间和生产费用具有显著负向影响（见表 4 - 6）。这一结果证实了本书理论机制部分的分析，即信息化使得农户劳动和资本投入在农业和非农部门间进行重新优化配置，促进农村劳动力非农转移，使得农业生产占整个农户家庭经营中的比例降低，从而促进了农户工资性收入增加，抑制了农业收入增长。这同时说明，在样本年份中，信息化由于帮助农户优化农业内部资源配置带来的农业收入增长效应未能充分实现，整体上在短期内未能抵得过信息化导致资源向非农部门转移给农业收入带来的抑制影响。

表 4 - 6　　　　　信息化对农户收入影响机制的 2SLS 估计结果

| 变量 | 家庭非农劳动时间 | 家庭农业劳动时间 | 农业生产费用 |
|---|---|---|---|
| 信息化综合水平 | 39. 237 **<br>(17. 028) | - 34. 310 ***<br>(12. 329) | - 855. 604 ***<br>(455. 074) |
| 控制变量 | 是 | 是 | 是 |
| 年份固定效应 | 是 | 是 | 是 |
| 农户固定效应 | 是 | 是 | 是 |
| $R^2$ | 0. 073 | 0. 153 | 0. 043 |
| 观察值 | 12560 | 12560 | 12560 |

注：（1）括号中数字为标准误；（2）＊、＊＊、＊＊＊ 分别表示 10%、5%、1% 的显著性水平；（3）表中各模型结果均通过了 2SLS 第一阶段 F 检验；（4）家庭非农劳动时间为家庭成员本乡镇内从事非农劳动时间和外出从业时间之和（日），家庭农业劳动时间为家庭成员农业生产经营投工量总和（日）；（5）回归模型均使用了聚类标准误（省份层面）；（6）控制变量包括：户主性别、年龄、受教育程度、乡村干部身份、是否受过农业技术教育或培训、家庭经营主业、家庭人口、家庭劳动力比例、家庭人均耕地面积、村庄距离公路干线距离、村庄人口和村庄人均纯收入。

本书第 5 章和第 6 章将对信息化的影响机制进行更加深入的详细分析。

##  信息技术进步对农户收入的动态影响

表 4 -7 汇报了信息技术进步（即不同信息工程）对农户人均纯收入、工资性收入和农业纯收入的动态影响，所用模型为匹配倍差法。结果显示，对人均纯收入来说，较早期的手机信号和互联网的影响并不显著，而 3G 移动网络对农户人均纯收入具有显著的正向影响，接通 3G 移动网络村庄农户的年人均纯收入比未接通村庄农户高 1309. 19 元[①]。进一步对收入分解后发现，手机信号和 3G 移动网络对农户人均工资性收入具有显著正向影响，即接通手机信号和 3G 移动网络村庄农户的年人均工资性收入比未接通村庄农户分别高 914. 85 元和 361. 61 元；而手机信号和互联网接通

---

① 由于在新的信息工程出现之前已经存在其他信息工程，如互联网接入之前，农户已经可以通过手机获取信息资源，本章没能剔除之前已经接通的信息工程干扰，会存在互联网和 3G 信息工程估计系数偏高的可能性。

对农户人均农业纯收入具有显著负向影响，边际影响分别为 -280.51 元和 -147.34 元，但 3G 移动网络接通对农户人均农业纯收入转变成了无影响。这可以发现信息化对农户农业收入的影响呈现了由负到无的影响变化，影响程度也由强变弱，这一结果解释了手机信号和互联网对总收入没能呈现出显著影响的原因，即早期的信息化发展对农业收入的负向影响阻碍了总收入的增长。

表 4 - 7 　　　　　　　　　不同信息工程接通对农户收入的影响

| 项目 | 人均纯收入 | 人均工资性收入 | 人均农业纯收入 |
|---|---|---|---|
| (1) 手机信号 | -52.518<br>(304.278) | 914.846 ***<br>(234.360) | -280.513 **<br>(132.200) |
| 控制变量 | 是 | 是 | 是 |
| 年份固定效应 | 是 | 是 | 是 |
| 农户固定效应 | 是 | 是 | 是 |
| $R^2$ | 0.177 | 0.266 | 0.071 |
| 观察值 | 8854 | 8622 | 10128 |
| (2) 互联网 | 117.876<br>(239.665) | -169.780<br>(130.865) | -147.340 **<br>(70.344) |
| 控制变量 | 是 | 是 | 是 |
| 年份固定效应 | 是 | 是 | 是 |
| 农户固定效应 | 是 | 是 | 是 |
| $R^2$ | 0.214 | 0.288 | 0.026 |
| 观察值 | 8471 | 8097 | 9763 |
| (3) 3G 移动网络 | 1309.187 ***<br>(248.544) | 361.611 **<br>(151.025) | 168.760<br>(109.173) |
| 控制变量 | 是 | 是 | 是 |
| 年份固定效应 | 是 | 是 | 是 |
| 农户固定效应 | 是 | 是 | 是 |
| $R^2$ | 0.199 | 0.263 | 0.030 |
| 观察值 | 11505 | 10394 | 12747 |

注：(1) 括号中数字为标准误；(2) * 、** 、*** 分别表示 10%、5%、1% 的显著性水平；控制变量包括：户主性别、年龄、受教育年限、乡村干部身份、是否受过农业技术教育或培训、家庭经营主业、家庭劳动力比例、家庭人均耕地面积、村庄距离公路干线距离、村庄人口、村庄人均纯收入；(3) 回归模型均使用了聚类标准误（省份层面）。

将上述动态结果汇总来看（见表4-8），随着信息技术的更新换代，即从手机信号、互联网，再到3G移动网络接通，信息化对农户总收入呈现了从无影响到正向影响的变化，对工资性收入的正向影响减弱，而对农业收入呈现了从负向影响到无影响的转变。这是由于信息技术不断进步和叠加带来的影响，与本书理论机制的分析结果相一致，即信息化发展初期，电话、手机等使用门槛较低，村庄接通电话信号后，农户能够较快获取到非农信息以实现劳动力转移，增加非农收入。同时由于农业劳动力的流失在短期内缺乏技术替代，使得手机、电话等使用对农业生产和农业收入带来了一定负面影响。随后，相较于手机信号，互联网接入对农户收入的影响变化在短期内相对较小，因为在互联网的使用上，农户面临更大的成本门槛和利用门槛，需要电脑等配套设备以及更加复杂的操作能力。随着信息技术的进一步发展，信息化开始与农业生产相结合，催生了如远程管理、在线监测等农业信息技术的应用，同时帮助农户优化资源配置、提高生产效率，减少了农业生产对劳动力的需求，从而在部分农户跨越技术门槛后，信息化逐渐削弱了劳动力流失对农业收入造成的负面影响。而这时，新一代移动网络的接入使得数据传输速度大幅提升，从而在促进农户增收上发挥更大的作用。而对非农收入来说，如果就业市场的需求不发生显著增长，随着就业市场供需缺口的减少，信息技术变迁对农户工资性收入的增长效应会递减。

表4-8　　　　不同信息工程对农户收入的动态影响结果汇总

| 变量 | 手机信号接通 | 互联网接通 | 移动网络接通 |
| --- | --- | --- | --- |
| 农户总收入 | 无影响 | 无影响 | 正向影响 |
| 农户农业收入 | 负向影响 | 负向影响 | 无影响 |
| 农户工资性收入 | 正向影响 | 无影响 | 正向影响 |

这说明，信息化对农业收入的负向影响只是暂时的，我们不必担心农村劳动力转移对农业生产带来负面影响，因为这将随着信息技术进步而消失，甚至将来会转为正向影响。

## 4.5 农村信息化对农户收入的持续影响

本章进一步检验信息化对农户增收效应的持续性以及持续强度的变化。将信息化综合水平分别滞后 1~4 期，并用工具变量法对农户人均纯收入、工资性收入和农业纯收入分别进行回归。结果如表 4-9 所示，信息化综合水平的三期滞后变量对农户人均纯收入和工资性收入的影响均显著为正，第 4 期影响消失；而对农业纯收入来说，前两期滞后变量均显著为负，但在第 3~4 期变得不再显著。这说明信息化会持续促进农户增收，存在较大的正向累积效应，且对农户农业收入的负向影响在不断减弱至消失。

表 4-9　　　　　　　　　　信息化对农户收入的持续影响

| 变量 | 人均纯收入 | | | |
|---|---|---|---|---|
| 信息化滞后一期 | 2719. 749 *** <br> (544. 599) | | | |
| 信息化滞后二期 | | 1812. 096 *** <br> (477. 069) | | |
| 信息化滞后三期 | | | 2362. 556 *** <br> (787. 599) | |
| 信息化滞后四期 | | | | 269. 045 <br> (756. 780) |
| 控制变量 | 是 | 是 | 是 | 是 |
| 年份固定效应 | 是 | 是 | 是 | 是 |
| 农户固定效应 | 是 | 是 | 是 | 是 |
| $R^2$ | 0. 177 | 0. 192 | 0. 184 | 0. 193 |
| 观察值 | 11491 | 10262 | 8978 | 7754 |

续表

| 变量 | 人均工资性收入 | | | |
|---|---|---|---|---|
| 信息化滞后一期 | 804. 434 ***<br>（250. 213） | | | |
| 信息化滞后二期 | | 704. 200 ***<br>（216. 431） | | |
| 信息化滞后三期 | | | 1335. 733 ***<br>（347. 095） | |
| 信息化滞后四期 | | | | 159. 088<br>（415. 063） |
| 控制变量 | 是 | 是 | 是 | 是 |
| 年份固定效应 | 是 | 是 | 是 | 是 |
| 农户固定效应 | 是 | 是 | 是 | 是 |
| $R^2$ | 0. 243 | 0. 230 | 0. 186 | 0. 192 |
| 观察值 | 9609 | 8814 | 7907 | 7011 |
| 变量 | 人均农业纯收入 | | | |
| 信息化滞后一期 | − 268. 759 *<br>（157. 504） | | | |
| 信息化滞后二期 | | − 311. 224 *<br>（167. 069） | | |
| 信息化滞后三期 | | | − 410. 674<br>（280. 563） | |
| 信息化滞后四期 | | | | − 527. 208<br>（531. 004） |
| 控制变量 | 是 | 是 | 是 | 是 |
| 年份固定效应 | 是 | 是 | 是 | 是 |
| 农户固定效应 | 是 | 是 | 是 | 是 |
| $R^2$ | 0. 070 | 0. 073 | 0. 061 | 0. 056 |
| 观察值 | 10579 | 9602 | 8364 | 7630 |

注：（1）括号中数字为标准误；（2）*、**、*** 分别表示10%、5%、1%的显著性水平；（3）表中各模型结果均通过了2SLS第一阶段F检验；（4）回归模型均使用了聚类标准误（省份层面）；（5）控制变量包括：户主性别、年龄、受教育程度、乡村干部身份、是否受过农业技术教育或培训、家庭经营主业、家庭劳动力比例、家庭人均耕地面积、村庄距离公路干线距离、村庄人口和村庄人均纯收入。

## (4.6) 稳健性检验

以上实证分析结果表明，信息化促进了农户总收入和工资性收入的提高，对农业收入有抑制作用，但对农业的抑制作用不断减弱。为检验上述结果的可靠性，本书进行了以下两项稳健性检验。

### 4.6.1　反向因果关系检验

本章所用的倍差法分析是建立在各个村庄信息工程的接通时间不受单个农户收入或者村庄经济水平影响的前提假设下。为检验这一假设是否成立，本章将村庄人均收入对三项信息工程接通与否进行了回归分析，对人均收入分别采用了当期和滞后一期处理，模型估计则分别采用了 OLS 和 Logit 模型两种方法，这样针对每项信息工程均形成四个模型（回归结果见表 4 - 10）。结果显示，村庄人均收入对村庄手机信号、互联网和移动网络的接通均没有显著影响，这证实本章的前提假设，即村级信息基础设施建设并不显著受到本村经济水平（包括接通年和接通年之前的收入水平）的影响。

表 4 - 10　　　　　　　村庄人均纯收入对信息工程接通的影响

| 变量 | A. OLS 估计结果：村庄人均纯收入当期 | | |
| --- | --- | --- | --- |
| | 手机信号 | 互联网 | 3G 移动网络 |
| 村庄人均纯收入 | - 0.004<br>(0.003) | 0.011<br>(0.013) | 0.023<br>(0.014) |
| 控制变量 | 是 | 是 | 是 |
| 观察值 | 283 | 283 | 263 |
| $R^2$ | 0.104 | 0.159 | 0.355 |

续表

| 变量 | B. OLS 估计结果：村庄人均纯收入滞后一期 | | |
|---|---|---|---|
| | 手机信号 | 互联网 | 3G 移动网络 |
| 村庄人均纯收入<br>滞后一期 | − 0.001<br>(0.002) | 0.025<br>(0.019) | − 0.022<br>(0.022) |
| 控制变量 | 是 | 是 | 是 |
| 观察值 | 247 | 247 | 229 |
| $R^2$ | 0.061 | 0.105 | 0.241 |
| 变量 | C. Logit 估计结果：村庄人均纯收入当期 | | |
| | 手机信号 | 互联网 | 3G 移动网络 |
| 村庄人均纯收入 | 0.736<br>(0.936) | 1.060<br>(0.727) | − 0.271<br>(0.450) |
| 控制变量 | 是 | 是 | 是 |
| 观察值 | 112 | 283 | 159 |
| LR test | 6.98<br>(0.004) | 150.50<br>(0.000) | 66.90<br>(0.000) |
| 变量 | D. Logit 估计结果：村庄人均纯收入滞后一期 | | |
| | 手机信号 | 互联网 | 3G 移动网络 |
| 村庄人均纯收入<br>滞后一期 | − 0.033<br>(0.381) | 1.338<br>(1.220) | − 1.108<br>(0.700) |
| 控制变量 | 是 | 是 | 是 |
| 观察值 | 85 | 247 | 150 |
| LR test | 0.02<br>(0.443) | 123.62<br>(0.000) | 55.51<br>(0.000) |

注：（1）括号中数字为标准误；（2） *、**、*** 分别表示10%、5%、1%的显著性水平；（3）控制变量包括年份固定效应、村庄固定效应、村庄地势、村庄人口数和距离公路干线距离；为便于回归系数查看，此处村庄人均纯收入单位是"千元"；（4）回归模型均使用了稳健标准误。

## 4.6.2 户级信息化工具使用

信息化是否会对农户的经济行为以及收入水平造成影响其实最少要跨越四个门槛：一是如本章主要关注的信息化基础设施建设；二是信息工具

终端使用行为；三是信息平台与终端上的信息本身的价值；四是农户是否具有信息利用与转化能力。这其中的第二和第四个门槛都与农户直接相关。因此，进一步在农户层面上建立信息化工具使用模型，将有助于本书更好地理解信息化对农户收入的影响。

本章使用固定观察点数据中的"家庭是否使用互联网"变量以及样本数据的子集（2009～2014 年）对农户收入进行实证检验。结果与村级信息化的影响一致，即家庭互联网使用能够显著提高农户的总收入和工资性收入，而对农业收入没有显著影响①（见表 4 - 11）。需要说明的是，由于户级信息化工具使用与农户收入之间存在很强的反向因果关系，以及户级层面因多元信息来源导致的遗漏变量等问题均会显著加剧内生性的处理难度，本章在现有数据条件下未能处理户级层面实证模型的内生性问题。因此，户级信息化工具使用的检验仅提供了一个初步结果和与村级结果的比较，未来仍需对此进一步考察。

表 4 - 11 户级信息工具使用对农户收入的影响

| | 人均纯收入 | 人均工资性收入 | 人均农业纯收入 |
|---|---|---|---|
| 家庭是否使用互联网 | 1337. 209 \*\*\* (475. 495) | 549. 346 \*\* (244. 147) | 100. 967 (154. 588) |
| 控制变量 | 是 | 是 | 是 |
| 年份固定效应 | 是 | 是 | 是 |
| 农户固定效应 | 是 | 是 | 是 |
| $R^2$ | 0. 187 | 0. 121 | 0. 165 |
| 观察值 | 6206 | 5692 | 6208 |

注：（1）该检验使用了双向固定效应模型；（2）括号中数字为标准误；（3）\*、\*\*、\*\*\* 分别表示 10%、5%、1% 的显著性水平；（4）控制变量包括户主性别、年龄、受教育程度、乡村干部身份、是否受过农业技术教育或培训、家庭经营主业、家庭劳动力比例、家庭人均耕地面积、村庄距离公路干线距离以及村庄人均收入。

——————————

① 固定观察点对"农户家庭是否使用互联网"这一指标的调查是从 2009 年开始的，该检验所用数据为 2009～2014 年，由于信息化对农户收入存在动态影响，该结果表明，在此阶段中，家庭互联网使用对农户农业收入已经向无影响转变。

由于村级信息化基础设施的建设将正向推动农户信息化工具使用,①
因此,本章采用村级层面信息化指标来替代户级层面的信息化工具利用可
能会影响信息化对农户收入的边际贡献,但并不会改变其影响方向和显
著性。

## 4.7　本章小结

本章基于我国农业农村部全国农村固定观察点 2004 ~ 2014 年数据以及
农村信息化补充调研数据,采用工具变量法和匹配倍差法,从微观农户层
面分析了信息化对农户总收入、非农工资性收入和农业收入的作用效果和
动态影响。在稳健性检验中,反向因果关系检验和户级信息化工具使用的
结果均进一步证实了本章研究结果的可靠性。

研究发现:

第一,总体来看,信息化对农户人均纯收入和工资性收入具有显著正
向影响,对人均农业纯收入具有负向影响。这是由于信息化促进了农村劳
动力非农转移,在样本阶段内影响了农户的农业生产活动。

第二,信息化对农户收入的影响呈现动态变化。随着信息技术的变迁
(即从手机信号到互联网,再到 3G 移动网络接通),信息化在促进农户工
资性收入增长的情况下,对农户总收入的正向影响随着其对农业收入负向
影响的减弱而逐渐显现。其中,信息化对农户农业收入负向影响逐渐减弱
的原因为,信息技术进步使得农业生产减少了对农村劳动力的需求,由非
农转移造成的劳动力流失对农业生产的影响程度在逐渐减弱。与此同时,
信息化有助于帮助农户优化农业资源配置、进行要素重组,从而逐渐提高
农业生产效率,进一步弥补了农业劳动力流失带来的损失。因此,从长期

---

① 我们同样使用 2009 ~ 2014 年数据子集,检验了村级信息化水平与农户信息化工具利用之
间的关系,结果是显著正向的。

来看，信息化在后期可能将不再对农业收入产生负向影响，这一解释将在第 5 章和第 6 章得到检验。

第三，信息化对农户的总增收作用具有较大持续性和正向累积效应。

在第 5 章将对信息化对农户收入的影响途径和作用机制进行详细分析，并将重点关注信息化对农户农业收入的影响从抑制逐渐向无影响转变的原因。

Chapter 5 第**5**章

# 农村信息化对农户收入的影响途径
## ——基于投入产出分析

### 5.1 研究背景

从第 4 章实证结果得知，信息工程的接通主要通过促进农户工资性收入增加来带动其总收入的增加，而对农业收入反而显示出抑制作用（但这种作用在减弱）。究其原因，在工资性收入方面，许多学者均证实了手机、互联网等信息工具的使用通过为农户提供大量工作信息促进农村劳动力非农转移，进而提高了农户的工资性收入水平（Aker et al.，2011；Lu et al.，2016；Zhou and Li，2017）。但较少有研究关注信息化对我国农户农业收入的影响及其影响途径。

中国是农业大国，但近几年我国农户的农业收入增长停滞不前，农业收入占比持续下降，2012 年农村居民家庭人均农业纯收入占比降至32.45%。与此同时，工资性收入大幅增长，从 2009 年起已经超过农业收入成为农户收入最主要的增长来源。① 虽然农户的家庭总收入水平由此得

---

① 国家统计局数据查询栏目，https：//data. stats. gov. cn。

到了显著提高，但在小农户不断向非农行业转移，甚至部分退出农业生产后，不得不担心这是否会对我国农业发展造成负面影响，导致农业生产力和产量下降，甚至威胁到我国的粮食安全。因此，本章在对信息化与农村劳动力转移的关系进行再次验证之后，重点对信息化导致农户农业收入下降的原因及其影响途径进行深入分析，这不仅有助于探究信息化对我国农户总收入的作用机制，为进一步促进农户增收寻找可能途径，也对我国农业转型和现代化进程的推进具有重要意义。

信息化将主要通过降低信息搜寻成本，从生产和销售两方面来影响农业收入。从销售上看，信息工具的普及可以帮助农户以较低的成本及时获取全面的市场价格信息，增加农户的套利机会和与收购商的谈判能力，从而提升其农产品的销售价格。由于本章所用数据中没有准确的农产品市场价格信息，所以无法对此影响路径进行实证分析，但较多文献已经从理论和现实证据证实了信息化对提高农户销售价格的正向作用（许竹青等，2013；Aker et al.，2016），这一点从理论上来说应有助于农业收入的提高。但从上一章的结论来看，信息化显示出了对农业收入的抑制效果，这说明信息化对销售价格的正向影响没能起到决定作用，因此，信息化可能主要从农业生产方面对农业收入产生了影响。

从生产上来看，信息工程接通可以在农村地区传播农业信息，使其逐渐渗透到农户生产的各个环节，进而影响农户的农业生产和收入。影响农业收入的因素主要有两点——投入产出和生产效率。在销售价格保持不变的情况下，产出的变化将导致农户的农业收入发生浮动。而与农业产出相关联的是生产投入以及生产效率，若两者之一保持不变，则产出随变化的一方变化，如生产投入减少，生产效率不变，则产出将减少；若两者均发生改变，则产出变化取决于变化较大一方的方向，如生产投入减少，生产效率增加，但是生产投入减少程度相对更大，则产出将减少。农业产出减少将导致农户的农业收入减少，由于上一章的结论表明信息化在前期抑制了农户的农业收入增长，那很可能是信息化导致了农户的农业投入和生产效率发生了变化。

基于此，本章将在对信息化与农村劳动力转移之间的关系进行检验的基础上，首先从农业生产的投入产出方面来探究信息化导致农业收入降低的原因。在生产投入方面，本章选择劳动和资本投入进行研究，劳动投入主要关注农户投入在农业生产上的劳动时间，资本投入主要关注农户的农业生产费用；在农业产出方面，本章主要关注信息化对农户的粮食产量和单产的影响，因为这也关乎我国的粮食安全问题。

此外，由于本书第 4 章的结论显示，信息化导致了农户非农工资增加，并且许多文献证实了信息化在促进农村劳动力转移上的重要作用，这说明农户投入在非农就业上的时间和精力增多，从而可能在农业生产上减少了劳动时间投入，导致农户一年中的农业总收入减少。

## 5.2　实证模型与数据说明

### 5.2.1　实证模型

本章主要实证模型与上一章相同，即为多期倍差法模型，设定的回归方程如下：

$$Y_{ivt} = \alpha + \beta D_{vt} + \sigma X_{it} + \lambda X_{vt} + \mu_i + v_t + \varepsilon_{ivt} \qquad (5-1)$$

其中，$Y_{ivt}$ 代表本章所关心的一系列结果变量，包括农户非农劳动时间、农业劳动时间、农业生产费用、单位面积化肥投入、粮食产量、粮食单产等；$D_{vt}$ 表示农户所在村庄 $v$ 在第 $t$ 年是否接通了手机信号、互联网或 3G 移动网络，即农户所在村庄在每项信息工程首次接入当年及以后所有年份均设置为 1，接入之前所有年份则设置为 0；$X_{it}$ 和 $X_{vt}$ 分别表示其他影响农户收入的户级和村级层面的控制变量；$\mu_i$ 为农户个体固定效应；$v_t$ 为年份固定效应；$\varepsilon_{ivt}$ 代表误差项；系数 $\beta$ 则为本章最关注的核心参数。

需要说明的是，与第 4 章实证模型的不同之处在于，本章在倍差法模型前并未进行匹配处理。由于与收入水平变量不同，农户的农业投入产出并不会与村庄信息工程之间存在显著反向因果关系。因此，本章直接对各项信息工程接通进行倍差法回归，并同时在模型中加入与村庄信息需求以及接通信息工程成本等相关的村级控制变量，如村庄人口密度、人均收入、村庄是否处于山区和距离公路干线距离。

## 5.2.2　数据与描述性统计

本章的主要数据来源于 2003～2011 年全国农村固定观察点数据，信息化变量来源于对固定观察点村庄数据的补充追踪调查。将补充调查数据与固定观察点农户数据进行合并，剔除了未进行农业生产以及各主要生产变量有缺失值的农户后，共得到 2003～2011 年农户数据 11861 份，样本涵盖18 个省（区、市）共 43 个固定观察点村庄，该数据为非平衡面板数据。①变量的描述性统计如表 5-1 所示。

表 5-1　　　　　　　　　　　变量描述性统计

| 类别 | 变量 | 变量设置/单位 | 观察值 | 均值 | 标准差 | 最小值 | 最大值 |
|---|---|---|---|---|---|---|---|
| 信息化变量 | 村庄手机信号 | 接通 =1；未接通 =0 | 11861 | 0.916 | 0.277 | 0 | 1 |
| | 村庄互联网 | 接通 =1；未接通 =0 | 11861 | 0.519 | 0.500 | 0 | 1 |
| | 村庄 3G 移动网络 | 接通 =1；未接通 =0 | 10961 | 0.069 | 0.253 | 0 | 1 |
| 控制变量 | 户主性别 | 男 =1；女 =0 | 11861 | 0.958 | 0.202 | 0 | 1 |
| | 户主年龄 | | 11861 | 52.411 | 11.024 | 18 | 89 |
| | 户主受教育程度 | 年 | 11861 | 6.526 | 2.528 | 0 | 15 |
| | 户主是否受过农业培训 | 是 =1；否 =0 | 11861 | 0.082 | 0.274 | 0 | 1 |

---

① 18 个省（区、市）为：北京、天津、河北、山西、黑龙江、浙江、安徽、福建、山东、河南、湖南、广西、四川、云南、重庆、甘肃、青海、宁夏。

续表

| 类别 | 变量 | 变量设置/单位 | 观察值 | 均值 | 标准差 | 最小值 | 最大值 |
|---|---|---|---|---|---|---|---|
| 控制变量 | 家庭人口数 | 人 | 11861 | 4.112 | 1.547 | 1 | 12 |
| | 家庭耕地面积 | 亩 | 11861 | 7.903 | 9.551 | 0 | 66.8 |
| | 家庭是否以农业生产为主 | 是=1；否=0 | 11861 | 0.881 | 0.324 | 0 | 1 |
| | 家庭生产性固定资产 | 元 | 11848 | 5951.926 | 13590.33 | 0 | 210499.4 |
| | 家庭总收入 | 元 | 11861 | 22544.3 | 23356.07 | 1262.702 | 327412.6 |
| | 村庄是否处于山区 | 是=1；否=0 | 11861 | 0.351 | 0.477 | 0 | 1 |
| | 村庄距离公路干线距离 | 千米 | 11861 | 3.385 | 4.018 | 0 | 20 |
| | 村庄人口密度 | 人/亩 | 11861 | 0.527 | 0.515 | 0.009 | 3.667 |
| | 村庄人均收入 | 元 | 11861 | 3394.092 | 2020.158 | 0.849 | 16551.14 |
| 因变量 | 农业生产费用 | 元 | 11371 | 2798.24 | 3680.683 | | 52964.47 |
| | 化肥单位施用量 | 千克 | 11017 | 67.128 | 55.885 | 0 | 425 |
| | 农业劳动时间 | 日 | 10973 | 241.621 | 183.513 | 1 | 1430 |
| | 非农劳动时间 | 日 | 11818 | 234.279 | 279.267 | 0 | 1400 |
| | 粮食产量 | 千克 | 10715 | 2879.28 | 2777.216 | 60 | 23000 |
| | 粮食单产 | 千克/亩 | 10668 | 368.830 | 138.774 | 33 | 833.333 |
| 工具变量 | 村庄互联网使用率 | % | 3095 | 1 | 1.5 | 0 | 14.8 |
| | 家庭成员外出务工天数之和 | 日 | 3796 | 228.598 | 287.207 | 0 | 1980 |
| | 家庭孩子比例 | % | 3796 | 14.9 | 16.4 | 0 | 75 |

 **5.3 农村信息化对农户劳动时间分配的影响**

本章首先应用倍差法模型检验了信息工程接通对农户劳动时间分配的影响，以考察信息化在促进农村劳动力转移和工资性收入增加上的作用。

表 5 - 2 结果显示，三项信息工程均显著减少了农户的农业劳动时间，增加了非农劳动时间。从边际效应来看，手机信号、互联网和移动网络接通分别减少了一年中农户家庭投入在农业生产上的总劳动时间 21 天、11 天和 17 天，分别增加了农户家庭外出务工的总时间 14 天、28 天和 19 天，促进了农户向非农行业转移。这一结果与理论预期以及（Lu et al.，2016）、周和李（Zhou and Li，2017）等文献结论相符。结合第 4 章信息化对农户收入的影响结果来说，农户劳动时间分配的变化是导致农户工资性收入增加而农业收入减少的重要原因。由于本章所计算的农业劳动时间包括雇工劳动时间，该研究结果也意味着农户的农业劳动投入减少。

表 5 - 2　　　　　　　　信息工程接通对农户劳动时间分配的影响

| 变量 | 农业劳动时间（天） | 外出务工时间（天） |
| --- | --- | --- |
| 手机信号 | - 20. 784 \*\*\*<br>（5. 866） | 14. 046 \*\*\*<br>（5. 18） |
| 控制变量 | 是 | 是 |
| 年份固定效应 | 是 | 是 |
| 农户固定效应 | 是 | 是 |
| $R^2$ | 0. 025 | 0. 059 |
| 观察值 | 10973 | 7281 |
| 变量 | 农业劳动时间（天） | 外出务工时间（天） |
| 互联网 | - 10. 848 \*\*<br>（4. 300） | 28. 281 \*\*\*<br>（8. 743） |
| 控制变量 | 是 | 是 |
| 年份固定效应 | 是 | 是 |
| 农户固定效应 | 是 | 是 |
| $R^2$ | 0. 056 | 0. 191 |
| 观察值 | 10973 | 11818 |
| 变量 | 农业劳动时间（天） | 外出务工时间（天） |
| 3G 移动网络 | - 16. 906 \*\*<br>（7. 287） | 17. 738 \*<br>（9. 055） |

续表

| 变量 | 农业劳动时间（天） | 外出务工时间（天） |
| --- | --- | --- |
| 控制变量 | 是 | 是 |
| 年份固定效应 | 是 | 是 |
| 农户固定效应 | 是 | 是 |
| $R^2$ | 0.022 | 0.195 |
| 观察值 | 10128 | 10929 |

注：（1）括号中数字为标准误；（2）*、**、***分别表示10%、5%、1%的显著性水平；（3）回归模型均使用了稳健标准误；（4）控制变量包括：户主性别、户主年龄、户主受教育程度、户主是否受过农业培训、家庭人口数、家庭耕地面积、家庭是否以农业生产为主、家庭生产性固定资产、家庭总收入、村庄是否处于山区、村庄距离公路干线距离、村庄人口密度、村庄人均收入；（5）限于篇幅，表中省略了常数项和控制变量的估计结果。

## 5.4 农村信息化对农业投入产出的影响

上一小节结果显示信息工程的接通促进了农村劳动力向非农行业转移，减少了农户的农业劳动时间，由于劳动力是重要的农业投入，劳动投入减少进而可能会对农户的其他农业投入和产出造成影响。因此，本章进一步对信息工程接通与农户的农业生产投入以及粮食产量之间的关系进行倍差法分析。

（1）对农业投入的影响。

在农业生产投入方面，本章以农业生产费用代表农业资本投入，来检验信息化对农户农业生产投入的影响。表5-3结果显示，移动网络接通显著减少了农户的农业生产费用，但早期的手机信号和互联网对农业生产费用没有显著影响。这说明信息化在促进农村劳动力向非农转移的过程中，将会逐渐导致农户用于农业生产上的物质资本投入减少。

农业资本投入与投入品价格和投入量相关，以下从这两个方面来分析信息化导致农户农业生产费用减少的原因。从投入品价格来说，信息化可以帮助农民及时获得化肥、农药、种子等投入品的市场价格信息，增加了农户与销售商讨价还价的能力，因此将会使得农户的投入品价格减少，但由于本章所用数据中缺乏详细的投入品价格信息，无法对此进行实证检验。从投入量上来看，一方面，信息化促进劳动力转移后会使得农户减少对农业生产的依赖，使得其对农业经营的投入整体减少，进而导致农业生产投入量和费用减少；另一方面，信息工程的接通可以使得农业信息逐渐渗透到农户生产的各个环节，使得各种生产要素得以合理配置，因此能够帮助农户减少不必要的投入和浪费，如防止化肥、农药等过量使用，逐渐减少农业生产费用。

在信息化发展早期，手机信号和互联网的接通对农户农业生产费用的抑制作用并不显著，其中的原因为：一是信息化发展初期，农户在向非农行业转移后并不会完全放弃农业生产，而是会选择用其他投入品来替代劳动投入，以尽量弥补因劳动力流失可能带来的损失；二是由于自身素质不足，农户并不能够对农业信息的接收和利用作出及时反应，而是需要一个学习和接受的过程，因此，可能直到后期移动网络接通时期，信息对农户生产资源配置的影响效果才得以显现，使得农户的生产费用显著减少。

可见，信息化对农户生产费用减少的影响对于农户收入和农业发展来说具有两面性，既有有利的一面，也有不利于之处。其中有利之处在于，农业信息的广泛传播能够帮助农户优化资源配置，精准投入，减少浪费和损失，提高投入品使用效率，从而有利于农业生产效率的提高，并在长期内促进农户产出和收入增长，这可以通过实证分析信息化与农户化肥投入的单位面积施用量和粮食单产之间的关系来进行检验（见表5-3和表5-4）；不利之处在于，信息化在促进农村劳动力转移之后，农户用于农业生产上的精力和努力程度减少，甚至逐渐退出农业生产，这将会导致农户的产出减少，进而减少农户的农业收入，这可以通过实证分析信息化与农户粮食总产出之间的关系来进行检验（见表5-4）。

表 5 – 3　　　　　　　信息工程接通对农户农业投入的影响

| 变量 | 农业生产费用（元） | 化肥单位面积施用量（千克/亩） |
|---|---|---|
| | （1） | （2） |
| 手机信号 | 12.580<br>（103.380） | – 0.067<br>（1.459） |
| 控制变量 | 是 | 是 |
| 年份固定效应 | 是 | 是 |
| 农户固定效应 | 是 | 是 |
| $R^2$ | 0.086 | 0.008 |
| 观察值 | 11371 | 11071 |
| 变量 | 农业生产费用（元） | 化肥单位面积施用量（千克/亩） |
| | （1） | （2） |
| 互联网 | – 48.323<br>（103.828） | – 6.104***<br>（1.486） |
| 控制变量 | 是 | 是 |
| 年份固定效应 | 是 | 是 |
| 农户固定效应 | 是 | 是 |
| $R^2$ | 0.086 | 0.002 |
| 观察值 | 11371 | 11071 |
| 变量 | 农业生产费用（元） | 化肥单位面积施用量（千克/亩） |
| | （1） | （2） |
| 3G 移动网络 | – 356.235**<br>（146.742） | – 3.102*<br>（1.813） |
| 控制变量 | 是 | 是 |
| 年份固定效应 | 是 | 是 |
| 农户固定效应 | 是 | 是 |
| $R^2$ | 0.083 | 0.016 |
| 观察值 | 10488 | 10169 |

注：（1）括号中数字为标准误；（2）*、**、***分别表示10%、5%、1%的显著性水平；（3）回归模型均使用了稳健标准误；（4）控制变量包括：户主性别、户主年龄、户主受教育程度、户主是否受过农业培训、家庭人口数、家庭耕地面积、家庭是否以农业生产为主、家庭生产性固定资产、家庭总收入、村庄是否处于山区、村庄距离公路干线距离、村庄人口密度、村庄人均收入；（5）限于篇幅，表中省略了常数项和控制变量的估计结果。

对信息化与农户化肥单位面积施用量之间关系的检验结果显示（表 5 – 2

第（2）列），手机信号接通没能帮助农户减少化肥单位面积施用量，但从互联网接通开始，信息对农户生产要素配置的优化作用开始显现，互联网和3G移动网络接通均显著减少了农户的化肥单位面积施用量。这说明，信息化发展有利于帮助农户利用信息资源优化生产要素配置，逐渐提高投入品的使用效率，进而减少生产费用。在长期来看，有助于促进农业生产方式的转变，提升农业效率和农户收入。

（2）对粮食产出的影响。

在粮食产量方面，表5-4结果显示，信息工程接通导致了农户粮食总产量的减少。结合上述分析可知，这主要是由于农户在向非农行业转移后，在农业生产上的劳动和资本投入减少所致，导致农户的农业生产经营在整个家庭经营中的比重降低，部分小农户甚至退出农业生产，从而使得农户的农业收入也随之减少。

表5-4　　　　　　　　信息工程接通对农户粮食产出的影响

| 变量 | 粮食产量（千克） | 粮食单产（千克/亩） |
|---|---|---|
|  | （1） | （2） |
| 手机信号 | -95.567 * | 3.263 |
|  | (52.758) | (5.811) |
| 控制变量 | 是 | 是 |
| 年份固定效应 | 是 | 是 |
| 农户固定效应 | 是 | 是 |
| $R^2$ | 0.432 | 0.060 |
| 观察值 | 10715 | 10668 |
| 变量 | 粮食产量（千克） | 粮食单产（千克/亩） |
|  | （1） | （2） |
| 互联网 | -326.185 *** | 15.848 *** |
|  | (54.795) | (4.603) |
| 控制变量 | 是 | 是 |
| 年份固定效应 | 是 | 是 |
| 农户固定效应 | 是 | 是 |
| $R^2$ | 0.474 | 0.108 |
| 观察值 | 10715 | 10668 |

续表

| 变量 | 粮食产量（千克） | 粮食单产（千克/亩） |
|---|---|---|
| | (1) | (2) |
| 3G 移动网络 | 115.866 | −5.18 |
| | (15.614) | (5.51) |
| 控制变量 | 是 | 是 |
| 年份固定效应 | 是 | 是 |
| 农户固定效应 | 是 | 是 |
| $R^2$ | 0.490 | 0.02 |
| 观察值 | 9896 | 9831 |

注：（1）括号中数字为标准误；（2）*、**、***分别表示10%、5%、1%的显著性水平；（3）回归模型均使用了稳健标准误；（4）控制变量包括：户主性别、户主年龄、户主受教育程度、户主是否受过农业培训、家庭人口数、家庭耕地面积、家庭是否以农业生产为主、家庭生产性固定资产、家庭总收入、村庄是否处于山区、村庄距离公路干线距离、村庄人口密度、村庄人均收入；（5）限于篇幅，表中省略了常数项和控制变量的估计结果。

研究结果同时发现，信息工程的接通对农业生产的确具有双重影响，并不是完全的阻碍作用。虽然信息化导致了农户粮食总产量减少，但互联网却显示出了对提高单位面积粮食产量的正向影响（见表5-4第（2）列）。也就是说，对于继续进行农业生产的农户来说，信息化的普及可以使得农户单位面积的农业投入减少、农业产出增加，提高生产效率，有利于农业生产的长效发展。

综上分析可知，信息工程的接通在促进农业劳动力向非农行业转移后，减少了农业生产的劳动和资本投入，也减少了粮食总产量，这进一步解释了在信息化发展前期，信息工程导致农户农业收入减少的原因。但同时，在信息的帮助下，农业资源配置的优化和要素重组使得农户投入品的使用效率以及粮食单产均增加了，这从长期来看是有利于农户农业收入增长和农业现代化发展的。

需要说明的是，本章的样本主要为小农户，户均耕地面积仅为7.9亩，超过30亩的样本不足4%，样本年份处于2003～2011年，大规模农户、专业大户等新型农业经营主体不在本章的研究范围内。因此，本章关于信息工程接通导致农业收入减少和粮食减产的结论并不代表我国农业现阶段的整体情况。相反，信息工程的接通使得部分小农户退出农业生产，这不仅帮助他们通过非农就业渠道提高家庭收入，也有助于使得土地向大规模农户或新型农业经营主体集中，假设信息化发展也有助于提高大规模农户的投入产出效率，这将促进我国农业规模化和现代化发展，长远来看有助于农业生产的提质增效。因此，本章研究结果表明，信息化发展仅会在短期内使得小农户的粮食产出和农业收入减少，但并不一定会对我国农业生产和粮食安全造成长期威胁。

## 5.5 本章小结

本章基于我国农业农村部全国农村固定观察点 2003～2011 年的农户数据以及对部分固定观察点村庄信息化情况的补充调查数据，运用多期倍差法，基于农户劳动时间分配视角，分析信息工程接通对农户总收入的影响途径（见图 5-1），并重点从农业投入产出视角实证分析了信息工程接通对农户农业收入的影响途径（见图 5-2）。

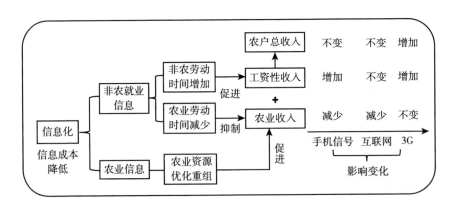

图 5-1　信息化对农户总收入的作用途径总结

资料来源：笔者绘制。

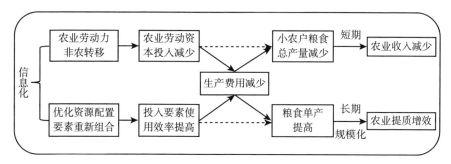

**图5-2　信息化对农户农业收入的作用途径总结**

资料来源：笔者绘制。

研究结果发现：

第一，短期来看，信息化对农户劳动时间分配的影响是导致农户工资收入增加而农业收入减少的重要原因。信息化在促进农村劳动力转移之后，农户用于农业生产上的时间和精力减少，甚至由于较高的机会成本而逐渐退出农业生产，这将会导致农户的农业资本投入和粮食总产出减少，进而抑制农户的农业收入增长。

第二，长期来看，信息化所带来的农户投入产出效率提升，使得其对农户农业收入的抑制作用逐渐减弱甚至消失。从手机信号到互联网和移动网络，信息工程接通对农户的粮食单产呈现了从无影响到正向影响的变化，对单位面积化肥施用量呈现了从无影响到负向影响的变化，这说明信息化有利于帮助农户优化农业资源配置和要素重组，使得农户单位面积的农业投入减少、农业单产增加，逐渐提高了投入产出效率，从而对农业收入的抑制效应不断减弱。

第三，信息化对农户农业收入影响的双面性，使得其对农户总收入的影响呈现出了从无影响到正向影响的变化。在信息化发展初期，由劳动力转移所带来的对农业收入的抑制效应大于由于信息优化农业资源配置的促进效应，使得信息化对农业收入在短期内表现出抑制影响，从而未能促进总收入增长；但长期内，信息优化农业资源配置效益逐渐增强，使得其对农业收入的抑制影响减弱，加上信息化促进劳动力转移后农户工资性收入的不断增长，最终表现出信息化对总收入的显著促进作用。

第6章将从农业全要素生产率方面来进一步验证信息化对我国农业生产的提质增效作用。

第**6**章　Chapter 6

# 农村信息化对农户收入的
# 影响途径
## ——基于农业全要素生产率分析<sup>*</sup>

6.1 研究背景

　　上一章主要从农业生产投入产出方面分析信息化对农户收入的影响途径。结果表明，信息化在促进农村劳动力转移后使得农户减少了农业劳动投入和资本投入，农业生产在整个家庭生产经营中的比例降低，导致了信息化发展初期农户粮食产量以及农业收入的减少；但同时，信息化使得农业要素资源配置在发生着变化，投入要素使用效率提高，粮食单产在增长，那么这是否有益于我国农业全要素生产率的增长呢？这一影响又将会如何影响农户的农业收入呢？为了进一步检验，本章将从农业全要素生产率方面深入检验信息化对农户生产效率的影响，同时为未来"如何种地"等问题提供可能的解决思路。

　　从现有文献上来看，关于信息化对农业生产率影响的研究相对较少且

　　* 本章主要内容已公开发表于《中国农村经济》2019 年第 4 期。

结论并不一致。奥古图等（Ogutu et al.，2014）运用匹配法验证了以信息通信技术为工具的市场信息服务项目对劳动生产率和土地生产率的正向影响；韩海彬和张莉（2015）认为信息化对农业全要素生产率的影响呈现非线性，只有当农村人力资本水平达到一定程度之后，信息化才对农业全要素生产率产生正向影响；尹宗成（2010）运用中国省级面板数据检验农业信息服务对农业全要素生产率的影响，其结果显示以交通和通信支出表示的农业信息服务水平对农业全要素生产率的增长具有促进作用，但不同区域的影响程度和显著性不同；于淑敏等（2011）的研究结果也表明信息化对农业全要素生产率增长具有促进作用；然而，来自荷兰奶牛农场的一个证据表明，传感信息系统的使用并没有显著提高奶业全要素生产率（Steeneveld et al.，2015）；李士梅和尹希文（2017）在关于农村劳动力转移对农业全要素生产率的影响研究中，将信息化程度（每百人拥有电话数）作为控制变量加入模型，但结果表明信息化对农业全要素生产率的影响并不显著。

造成上述不一致结果的主要原因可能是部分文献使用省级层面的汇总数据，一方面，汇总数据容易受信息化内生于经济增长的影响，另一方面，汇总数据的使用也可能会掩盖信息化对微观农户主体的异质性影响。因此，本章使用农业部全国农村固定观察点微观农户数据进行实证分析。此外，除全要素生产率外，本章还考察了信息化对农业技术效率变化和技术进步的影响，以深入了解信息化对农业全要素生产率的影响途径。

## 6.2　实证模型与数据说明

### 6.2.1　农业全要素生产率测算方法

为了分析信息化是否促进了农户农业全要素生产率增长，本章首先采用面板固定效应随机前沿生产函数（SFA）及 Malmquist 生产率指数对农业全要素生产率进行测算和分解。Malmquist 生产率指数是凯夫斯和代切尔特（Caves and Diewert，1982）在 Malmquist 数量指数与 Shepherd 距离函数的基础上建立起来的，用于测量全要素生产率变化。已有文献对该指数的测算方法主要包括参数法和非参数法，常用的非参数法有数据包络分析法（DEA），常用的参数法主要集中于随机前沿生产函数法（SFA）。两种方法各有优缺点，但相比于 DEA，SFA 由于能够避免随机因素对前沿面的影响，更加吻合农业生产的本质特征（范丽霞和李谷成，2012），且对异常值较不敏感，因此，本章将采用 SFA-Malmquist 生产率指数法对农户农业全要素生产率进行测算和分解。根据昆布哈卡尔和洛弗尔（Kumbhakar and Lovell，2003）的研究，SFA 模型的面板数据形式如下：

$$\ln Y_{it} = \ln f(X_{it}, t; \beta) + v_{it} - \mu_{it} \qquad (6-1)$$

其中，$Y_{it}$ 表示第 $i(i=1,2,\cdots,N)$ 个决策单元在 $t(t=1,2,\cdots,T)$ 时期的产出；$X_{it}$ 表示第 $i$ 个决策单元在 $t$ 时期的投入；$t$ 表示时间趋势；$f(\cdot)$ 表示特定函数形式，$\beta$ 为待估参数；$v_{it}$ 为随机误差项，假定服从正态分布；$\mu_{it}$ 表示由于技术非效率所引起的误差，假定服从截断正态分布；$v_{it}$ 和 $\mu_{it}$ 相互独立，$v_{it} N(0, \sigma_v^2)$，$\mu_{it} N(\mu, \sigma_\mu^2)$。该模型根据非效率项 $\mu_{it}$ 是否随时间变化形成了时不变或时变模型，本章采用时变模型进行测算。

在 $f(\cdot)$ 的形式选择上，本章选取更具有灵活性的超越对数函数，且为能考虑到不可观察的农户个体效应，采用格林（Greene，2005）提出的面板固定效应 SFA 模型，具体形式如下：

$$\ln Y_{it} = \beta_0 + \sum_j \beta_j \ln X_{ijt} + \beta_t t + \sum_j \sum_l \beta_{jl} \ln X_{ijt} \times \ln X_{ilt} + \beta_{tt} t^2 + \sum_j \beta_{jt} t$$
$$\times \ln X_{ijt} + \alpha_i + v_{it} - \mu_{it} \qquad (6-2)$$

式（6-2）中，$i$ 和 $t$ 表示农户和时期；$Y_{it}$ 表示农户当年农林牧渔业总产值，$X_{ijt}$ 为要素投入，$j$ 和 $l$ 分别表示第 $j$ 和第 $l$ 种要素投入，本章选取土地（$S_{it}$）、物质资本（$K_{it}$）和劳动力（$L_{it}$）三项作为投入指标；$\alpha_i$ 为不可观测的农户个体效应。

为满足规模报酬不变（CRS）假设并符合超越对数函数的对称性，本章参照刘勇和孟令杰（2002）的做法，在实际操作中对模型的投入和产出变量用土地投入 $S_{it}$ 进行标准化，即 $y_{it} = Y_{it}/S_{it}$，$k_{it} = K_{it}/S_{it}$，$l_{it} = L_{it}/S_{it}$；然后将标准化后的各投入产出变量代入式（6-2），得到如下回归模型：

$$\ln y_{it} = \beta_0 + \beta_1 \ln k_{it} + \beta_2 \ln l_{it} + \beta_3 (\ln k_{it})^2 + \beta_4 (\ln l_{it})^2 + \beta_5 \ln k_{it} \ln l_{it}$$
$$+ \beta_6 t \ln k_{it} + \beta_7 t \ln l_{it} + \beta_8 t + \beta_9 t^2 + a_i + v_{it} - \mu_{it} \tag{6-3}$$

得到模型参数后，通过下式即可得到决策单元 $i$ 在 $t$ 时期的技术效率值：

$$EFF_i^t = \exp(-\mu_{it}), 0 \leqslant \exp(-\mu_{it}) \leqslant 1 \tag{6-4}$$

第 $i$ 个决策单元从时期 $t$ 到 $t+1$ 的技术效率变化可以按如下公式计算：

$$EFFCH_i^{t,t+1} = EFF_i^{t+1}/EFF_i^t \tag{6-5}$$

第 $i$ 个决策单元从时期 $t$ 到 $t+1$ 的技术变化可通过对式（6-3）估计的参数直接求时期 $t$ 的偏导数计算出来。由于技术变化是非中性的，技术变化值会随着投入向量的不同而变化，因此，相邻时期 $t$ 和 $t+1$ 的技术变化值应采用几何平均值，表达式如式（6-6）所示：

$$TECH_i^{t,t+1} = \left[ (1 + \partial f(x_{it}, t; \beta)/\partial t) \times (1 + \partial f(x_{i(t+1)}, t+1; \beta)/\partial(t+1)) \right]^{1/2}$$
$$\tag{6-6}$$

进而在 CRS 的假定下，[①] 根据 Malmquist 生产率指数的分解，全要素生产率增长的表示为：

$$TFPCH_i^{t,t+1} = EFFCH_i^{t,t+1} \times TECH_i^{t,t+1} \tag{6-7}$$

### 6.2.2 倍差法模型

为了估计信息化对农户农业全要素生产率增长的影响，本章再次应用多期倍差模型，设定如下：

$$\ln Y_{ivt} = \alpha + \beta D_{vt} + \sigma X_{it} + \gamma X_{vt} + \mu_i + v_t + \varepsilon_{ivt} \tag{6-8}$$

其中，$Y_{ivt}$ 代表通过 SFA-Malmquist 指数法所计算出的农户农业全要素生产

---

① 一般而言，许多学者认为对农业生产来说规模报酬是不变的（例如许庆等，2011）。

率指数以及分解出来的技术进步和技术效率变化；$D_{vt}$ 表示农户所在村庄 $v$ 在第 $t$ 年是否接通了手机信号、互联网和 3G 移动网络，接通则为 1，否则为 0；$X_{it}$ 和 $X_{vt}$ 分别表示其他随时间变动的、影响农户农业全要素生产率的户级和村级层面控制变量；$\mu_i$ 和 $v_t$ 则分别代表农户个体固定效应和年份固定效应；$\varepsilon_{ivt}$ 为误差项；系数 $\beta$ 则为本章最关注的核心参数。

## 6.2.3 数据说明

本章的主要数据来源于 2004～2016 年全国农村固定观察点数据，信息化变量来源于对固定观察点村庄数据的补充追踪调查。将补充调查数据与固定观察点农户数据进行合并，剔除了未进行农业生产以及各主要生产变量有缺失值的农户后，共得到 2004～2016 年 14943 户的农户数据，样本涵盖了北京、天津、河北、山西、辽宁、黑龙江、浙江、安徽、福建、山东、河南、湖南、广西、四川、云南、重庆、甘肃、青海和宁夏 19 个省（区、市）共 36 个固定观察点村庄，各村庄三项信息工程接通时间统计如表 6－1 所示。由于对全要素生产率的测算为动态效率评价，在去除 2004 年的数据后，最终进行模型估计分析的样本量为 12373 个，该数据为非平衡面板数据。样本年份分布如图 6－1 所示，省份分布如图 6－2 所示。

表 6－1　　　　2004～2016 年各年份接通各项信息工程的村庄数

| 接通时间 | 手机信号 | 互联网 | 3G 移动网络 |
| --- | --- | --- | --- |
| 2004 年以前 | 27 | 13 | 0 |
| 2004 年 | 1 | 1 | 0 |
| 2005 年 | 1 | 2 | 0 |
| 2006 年 | 2 | 2 | 0 |
| 2007 年 | 2 | 5 | 0 |
| 2008 年 | 1 | 0 | 0 |
| 2009 年 | 0 | 3 | 3 |
| 2010 年 | 1 | 2 | 6 |
| 2011 年 | 0 | 2 | 1 |
| 2012 年 | 0 | 2 | 7 |

续表

| 接通时间 | 手机信号 | 互联网 | 3G 移动网络 |
|---|---|---|---|
| 2013 年 | 0 | 2 | 2 |
| 2014 年 | 0 | 0 | 5 |
| 2015 年 | 0 | 1 | 5 |
| 2016 年 | 0 | 0 | 1 |
| 2016 年以后 | 0 | 1 | 1 |
| 共计 | 35 | 36 | 31 |

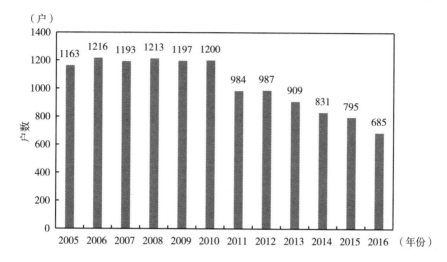

图 6-1  样本年份分布

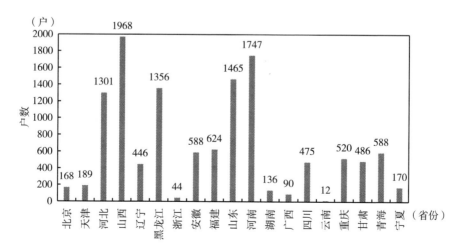

图 6-2  样本省份分布

## 6.2.4　变量设置与描述性统计

（1）被解释变量。

模型的被解释变量为农户农业全要素生产率增长及其分解的技术进步和技术效率变化。关于农户农业全要素生产率测算指标的选取，本章结合柯布—道格拉斯（Cobb-Douglas）生产函数，依据农业生产的投入与产出关系，选取农户当年农林牧渔业各单项收入加总作为产出指标，[①] 选取年末经营耕地面积、园地面积、林地面积、草场牧地面积和水面面积总和（单位：亩）作为土地投入指标，选取农林牧渔业各单项在生产中所花费的种子种苗费、化肥费、农膜费、农药费、水电及灌溉费、畜力费、机械作业费、固定资产折旧及修理费、小农具购置费、仔畜种苗费、饲料费、疫病防治费、其他生产经营费用之和（单位：元）作为资本投入指标，[②]并选取农林牧渔业生产各单项中的家庭投工量和雇工投工量总和（单位：日）作为劳动投入指标，结合式（6-4）、式（6-7）分别测算农户的农业技术效率、技术进步和全要素生产率。

（2）解释变量和控制变量。

解释变量为农户所在村庄的手机信号、互联网和3G移动网络接通与否。关于控制变量的选取，参照高鸣等（2016，2017）的研究，在模型中引入反映户主个体特征、家庭特征和村庄经济条件的三组控制变量。具体来说有户主性别、年龄、受教育程度、家庭农业劳动力比例、家庭人均耕地面积、家庭人均收入对数、村庄与公路干线距离和村庄人均收入对数等。表6-2汇报了本章模型中涉及变量的描述性统计。

---

[①]　由于农户所从事的农业生产在品种上存在差异，直接在产量层面加总是不科学的，因此本章使用代表价值量的各项农产品收入加总作为产出指标，且收入值使用农产品生产价格指数进行调整，本章所使用的数据中，收入加总的单位为元。

[②]　资本投入使用农业生产资料价格指数进行调整。

表6-2　　　　　　　　　　　变量描述性统计

| 变量名称 | 变量设置/单位 | 均值 | 标准差 | 最小值 | 最大值 |
|---|---|---|---|---|---|
| 手机信号 | 接通=1；未接通=0 | 0.979 | 0.145 | 0 | 1 |
| 互联网 | 接通=1；未接通=0 | 0.724 | 0.447 | 0 | 1 |
| 3G移动网络 | 接通=1；未接通=0 | 0.301 | 0.459 | 0 | 1 |
| 户主性别 | 男=1；女=0 | 0.961 | 0.194 | 0 | 1 |
| 户主年龄 | 岁 | 54.761 | 11.063 | 18 | 91 |
| 户主受教育程度 | 年 | 6.549 | 2.454 | 0 | 15 |
| 农业技术教育或培训 | 是=1；否=0 | 0.095 | 0.293 | 0 | 1 |
| 家庭农业劳动力比例 | % | 50.030 | 31.386 | 0 | 100 |
| 家庭人均耕地面积 | 亩 | 2.515 | 3.497 | 0 | 30 |
| 家庭人均收入 | 元 | 7693.269 | 5801.189 | 1166.620 | 39905.95 |
| 村庄与公路干线距离 | 千米 | 3.029 | 3.994 | 0 | 20 |
| 村庄人均收入 | 元 | 3854.648 | 1787.224 | 565.337 | 14861.82 |

注：家庭人均收入和村庄人均收入使用农村居民消费价格指数进行价格调整。

#  6.3　农村信息化对农户农业全要素生产率增长的影响

## 6.3.1　农户农业全要素生产率增长测算结果

表6-3报告了SFA模型估计结果。基于该参数估计结果，再结合式（6-4）、式（6-7）即可得到样本农户的农业技术效率变化、技术进步以及全要素生产率。此外，对SFA模型的最大批评是其结论高度依赖于模型的函数设定形式，为保证测算结果的稳健性，本章采用LR检验对该模型设定进行三个方面的假设检验：（1）原假设为前沿生产函数应采用C-D函数形式；（2）原假设为不存在技术进步；（3）原假设为技术进步是希克斯中性的。通过LR统计量发现，三项假设均被拒绝，且模型估计结果中绝大多数变量均高度显著。这说明，本章所选SFA模型拟合较好，为进一

步倍差法模型估计提供良好的基础。

表 6 – 3　　　　　　　　面板固定效应 **SFA-Malmquist** 模型估计结果

| 变量 | 估计系数 | 标准误 |
| --- | --- | --- |
| ln$k$ | 0. 108 *** | 0. 024 |
| ln$l$ | 0. 077 *** | 0. 017 |
| (ln$k$)$^2$ | 0. 044 *** | 0. 002 |
| (ln$l$)$^2$ | 0. 048 *** | 0. 002 |
| ln$k$ln$l$ | – 0. 044 *** | 0. 003 |
| $t$ln$k$ | – 0. 001 | 0. 001 |
| $t$ln$l$ | 0. 004 *** | 0. 001 |
| $t$ | 0. 014 *** | 0. 005 |
| $t^2$ | – 0. 001 *** | 0. 000 |
| Sigma_u | 0. 229 *** | 0. 004 |
| Sigma_v | 0. 241 *** | 0. 003 |
| Lambda | 0. 953 *** | 0. 006 |
| Likelihood | – 4439. 191 | |
| 观测值 | 14943 | |

注：（1）投入和产出变量均使用土地投入进行标准化；（2）\*\*\* 表示 1% 的显著性水平。

表 6 – 4 为对各项信息工程接通与未接通样本农户的农业全要素生产率增长及技术进步和技术效率变化进行初步统计的结果。结果显示，接通手机信号和互联网村庄农户的农业全要素生产率增长和技术效率变化高于非接通村庄的农户，技术进步低于非接通村庄农户；接通 3G 移动网络村庄农户的农业全要素生产率增长和技术进步低于非接通村庄的农户，而技术效率变化高于非接通村庄的农户。

表 6 – 4　　　　信息工程接通与未接通村庄农户的农业全要素生产率、
技术进步和技术效率变化比较

| 类别 | 变量 | 未接通 | | | 接通 | | |
| --- | --- | --- | --- | --- | --- | --- | --- |
| | | 观测值 | 均值 | 标准差 | 观测值 | 均值 | 标准差 |
| 手机信号 | TFPCH | 265 | 0. 946 | 0. 201 | 12108 | 0. 998 | 0. 136 |
| | TECH | 265 | 1. 014 | 0. 005 | 12108 | 1. 001 | 0. 011 |
| | EFFCH | 265 | 0. 933 | 0. 198 | 12108 | 0. 997 | 0. 135 |

续表

| 类别 | 变量 | 未接通 | | | 接通 | | |
|---|---|---|---|---|---|---|---|
| | | 观测值 | 均值 | 标准差 | 观测值 | 均值 | 标准差 |
| 互联网 | TFPCH | 3413 | 0.991 | 0.167 | 8960 | 0.999 | 0.124 |
| | TECH | 3413 | 1.008 | 0.009 | 8960 | 0.999 | 0.011 |
| | EFFCH | 3413 | 0.982 | 0.166 | 8960 | 1.000 | 0.124 |
| 3G 移动网络 | TFPCH | 8187 | 0.999 | 0.142 | 3524 | 0.988 | 0.121 |
| | TECH | 8187 | 1.006 | 0.009 | 3524 | 0.990 | 0.007 |
| | EFFCH | 8187 | 0.993 | 0.140 | 3524 | 0.998 | 0.122 |

## 6.3.2　倍差法前提假设检验

本章的估计分析是建立在各村庄信息工程的接通时间不受各村庄接通信息工程之前农业全要素生产率影响的前提假设下。但从理论上来说，信息工程的建设并不是严格外生的，政府或通信企业会根据当地的经济发展水平、人口和潜在市场规模等来决定什么时候接入，这些因素可能会跟当地农业发展状况相关，例如农业发展水平高的村庄经济水平也会相对较高，从而增加了该村庄接入信息工程的几率，因而存在反向因果关系的可能性。为了排除这一内生性问题的影响，使估计结果更为可靠，本章参考贝克（Beck et al.，2010）的方法，利用久期分析 Cox 回归法验证上述假设条件。

久期分析主要用于考察个体从某一状态转换到另一状态所花费的时间，也称为"转换分析"或"生存分析"，在实证研究中，它的被解释变量为某种活动持续的时间。Cox 回归模型为久期分析中常用的一种方法，该模型以生存结局和生存时间为因变量，可同时分析众多因素对生存期的影响，且不要求估计资料的生存分布类型，因此得到了广泛应用。本章用它来检验农业全要素生产率是否会影响到各村庄信息封闭的时间长短，也就是检验农业全要素生产率是否会影响各村庄接通三项信息工程、打破信息封闭状态的时间。本章设定样本的起始年份为 2005 年，生存时间即为各村庄从 2005 年到接通各项信息工程的时间跨度。自变量为各村庄的农户农业全要素生产率均值，控制变量包括村庄年末常住人口、村庄人均收入对数、村庄是否处于山区以及村庄与公路干线距离。除农业全要素生产率外，本章还检验了农业技术进步、技术效率变化和各项信息工程接通时间的关系。

模型估计结果如表 6 - 5 所示。Cox 回归结果显示，无论对于哪一项信息工程来说，农业全要素生产率、技术进步以及技术效率均不会影响各村庄信息工程接入的时间先后，即不存在反向因果关系，这一结果为本章运用倍差法识别信息化的影响提供了信心。

表 6 - 5　　　　农业全要素生产率增长、技术进步和技术效率变化
对三项信息工程接通时间的影响

| 变量 | 手机信号 | 互联网 | 3G 移动网络 |
|---|---|---|---|
| 农业全要素生产率增长对数值 | 0.346<br>(1.296) | 0.614<br>(1.802) | 0.051<br>(1.875) |
| 控制变量 | 是 | 是 | 是 |
| Likelihood | -97.47 | -83.29 | -77.25 |
| 观测值 | 40 | 135 | 269 |
| 农业技术进步对数值 | -1.222<br>(13.915) | -23.081<br>(55.666) | -6.579<br>(45.996) |
| 控制变量 | 是 | 是 | 是 |
| Likelihood | -97.48 | -83.27 | -77.24 |
| 观测值 | 40 | 135 | 269 |
| 农业技术效率变化对数值 | 0.365<br>(1.344) | 0.641<br>(1.811) | 0.069<br>(1.876) |
| 控制变量 | 是 | 是 | 是 |
| Likelihood | -97.47 | -83.29 | -77.25 |
| 观测值 | 40 | 135 | 269 |

注：（1）括号中数字为标准误；（2）＊、＊＊、＊＊＊分别表示 10%、5%、1% 的显著性水平；（3）控制变量包括村庄是否处于山区、村庄年末常住人口、村庄与公路干线距离、村庄人均收入对数；（4）限于篇幅，表中省略了常数项和控制变量的估计结果。

## 6.3.3 倍差法模型估计结果分析

利用倍差法模型，本章比较了接通与未接通三项信息工程村庄农户的农业全要素生产率增长平均差异，估计结果如表6-6至表6-8所示。

表6-6　　　手机信号对农户农业全要素生产率增长、
技术进步和技术效率变化的影响

| 变量 | 农业全要素生产率增长对数值 | 农业技术进步对数值 | 农业技术效率变化对数值 |
|---|---|---|---|
| 手机信号 | 0.057 *** <br> (0.018) | 0.000 <br> (0.000) | 0.056 *** <br> (0.018) |
| 户主性别 | 0.008 <br> (0.010) | - 0.001 ** <br> (0.000) | 0.009 <br> (0.010) |
| 户主年龄 | 0.000 <br> (0.000) | 0.000 <br> (0.000) | 0.000 <br> (0.000) |
| 户主受教育程度 | - 0.005 ** <br> (0.002) | 0.000 <br> (0.000) | - 0.005 ** <br> (0.002) |
| 农业技术教育或培训 | 0.009 <br> (0.008) | 0.001 *** <br> (0.000) | 0.009 <br> (0.008) |
| 家庭农业劳动力比例 | 0.000 <br> (0.000) | 0.000 *** <br> (0.000) | 0.000 <br> (0.000) |
| 家庭人均耕地面积 | - 0.006 *** <br> (0.001) | - 0.000 *** <br> (0.000) | - 0.005 *** <br> (0.001) |
| 家庭人均收入对数 | 0.035 *** <br> (0.004) | 0.000 *** <br> (0.000) | 0.035 *** <br> (0.004) |
| 村庄与公路干线距离 | 0.004 *** <br> (0.001) | - 0.000 ** <br> (0.000) | 0.004 *** <br> (0.001) |
| 村庄人均收入对数 | 0.024 *** <br> (0.004) | 0.000 *** <br> (0.000) | 0.023 *** <br> (0.004) |
| 截距项 | - 0.543 *** <br> (0.058) | 0.012 *** <br> (0.001) | - 0.555 *** <br> (0.058) |
| $R^2$ | 0.040 | 0.957 | 0.035 |
| 观测值 | 12285 | 12285 | 12285 |

注：（1）模型中均控制了农户固定效应和年份固定效应；（2）括号中数字为标准误；（3）*、** 、*** 分别表示10%、5%和1%的显著性水平；固定效应模型均采用了 Robust 方差结构修正截面异方差。

表 6 - 7 互联网对农户农业全要素生产率增长、
技术进步和技术效率变化的影响

| 变量 | 农业全要素生产率<br>增长对数值 | 农业技术进步<br>对数值 | 农业技术效率<br>变化对数值 |
|---|---|---|---|
| 互联网 | 0.013 ***<br>(0.005) | 0.000<br>(0.000) | 0.013 ***<br>(0.005) |
| $R^2$ | 0.038 | 0.957 | 0.033 |
| 观测值 | 12285 | 12285 | 12285 |

注：（1）模型中均控制了农户固定效应和年份固定效应；（2）括号中数字为标准误；（3）＊、＊＊、＊＊＊分别表示10%、5%和1%的显著性水平；（4）固定效应模型均采用了 Robust 方差结构修正截面异方差；（5）控制变量与表6－6中相同，且系数相似，限于篇幅不做展示。

表 6 - 8 移动网络对农户农业全要素生产率增长、
技术进步和技术效率变化的影响

| 变量 | 农业全要素生产率<br>增长对数值 | 农业技术进步<br>对数值 | 农业技术效率<br>变化对数值 |
|---|---|---|---|
| 3G 移动网络 | 0.010 **<br>(0.005) | 0.000<br>(0.000) | 0.010 **<br>(0.005) |
| $R^2$ | 0.039 | 0.957 | 0.034 |
| 观测值 | 11623 | 11623 | 11623 |

注：（1）模型中均控制了农户固定效应和年份固定效应；（2）括号中数字为标准误；（3）＊、＊＊、＊＊＊分别表示10%、5%、1%的显著性水平；（4）固定效应模型均采用了 Robust 方差结构修正截面异方差；（5）控制变量与表6－6中相同，且系数相似，限于篇幅不做展示。

估计结果显示，手机信号、互联网和3G移动网络均对农业全要素生产率增长具有显著的正向影响，且这种影响主要来源于对农业技术效率变化的促进作用。这表明，农村信息化发展确实对优化农业生产、提高农业资源配置和组织管理效率起到了作用，提高了农户的技术效率。也说明，信息化在促进农村劳动力转移的同时并没有因劳动力流失而阻碍了农业技术效率和全要素生产率的增长，而是使得农业生产要素的组合比例趋向合理，为土地规模化和集约化经营腾出空间，提升了生产效率。调查发现，2016年农户平均农业机械投入（农林牧渔业机械固定资产原值）为

4502.96 元，比 2005 年高出 30%，可见部分劳动力被农业机械有效替代，促进了农业技术效率和全要素生产率的提升。

值得一提的是，尽管许多国外学者发现信息化发展对于促进农户采纳先进农业技术具有正向影响（Adegbola and Gardebroek，2011；Larochelle et al.，2019），但本章的估计结果并不支持这一结论。这可能与中国农业仍处于由传统农业向现代农业转型的过渡阶段有关（李谷成等，2010）。在这一阶段，信息与农业技术还未能实现完美融合，且农村劳动力素质总体较低，农业技术教育和培训投入不足，导致中国农户尚不能完全消化和吸收由信息化带来的先进技术并广泛应用，因而信息化在现阶段并没有表现出对农业技术进步的促进作用。需要指出的是，这一结果与中国农业实践中的新技术大量采用并不冲突，只是表明这些可以观察到的技术进步可能并不是由信息化发展导致的。

除信息化变量外，其他变量对农业全要素生产率增长也有显著影响。在全要素生产率和技术效率模型中，户主受教育程度显著且估计系数为负，这与李谷成等（2015）的研究结果一致。目前中国对农村的教育投资大多为基础教育而非职业技能教育，在研究样本中，受过农业技术教育或培训的农户不足 10%，农户受教育程度对农业生产率的影响自然比较有限（米建伟等，2009）。而户主是否受过农业技术教育或培训对农业技术进步有显著的正向影响，这进一步强调了对农户进行职业技能教育的重要性。家庭农业劳动力比例对农业技术进步具有显著的促进作用，但其影响程度较小。家庭人均耕地面积对农业全要素生产率增长、技术进步和技术效率变化具有抑制作用，这与学者们普遍论证的发展中国家农户规模与生产率成反比的关系相印证（Assuncao and Ghatak，2003；Bizimana et al.，2004）。家庭人均收入和村庄人均收入对农户农业全要素生产率增长、技术进步和技术效率变化均有促进作用。村庄与公路干线距离对农业全要素生产率增长及技术效率变化具有正向影响，对农业技术进步具有负向影响。也就是说，村庄距离公路干线越远，农户农业全要素生产率增长和技术效率变化越高，而技术进步越低。这是因为：出于交通通达性的考虑，距离公路干线较远地区的农业劳动力较晚向城市非农行业转移，这些农户主要依赖农业生产，生产积极性较强，从而其农业全要素生产率增长和技术效率变化较高；但是距离较远地区道路闭塞，使得先进技术难以到达，因而阻碍了农业技术进步。

## 6.4 稳健性检验

### 6.4.1 反事实检验

通过上述倍差法模型检验，本章发现三项信息工程对农户农业技术效率和全要素生产率都有显著影响。然而，不能完全确定对这两者的影响一定来源于信息工程的开通，因为如果在信息工程接通当年刚好有其他影响农业生产的事件发生，则估计出来的结果就包含了其他项目或政策的影响。为了验证是否存在这种可能性，本章针对每个村庄设置了三项信息工程开通的虚拟时间，来进行"反事实检验"。选择从样本起始年份（2005年）到各项信息工程开通前时间的中点年份作为虚拟时间，例如，对于2009年接通互联网的村庄来说，它的虚拟时间设定为2007年。如果该检验结果仍然显著，说明本章关心的因变量在接通信息化工具前的处理组和控制组中就存在明显差异，则上述倍差法的估计结果很可能含有其他未察觉到的影响因素。

从表6-9的估计结果来看，以虚拟年份为时间断点后，手机信号、互联网和3G移动网络对农业全要素生产率和技术效率变化的影响均不显著，这排除了其他外生因素与信息工程同步发生影响的可能，表明本章的估计结果较为稳健，确实体现了信息化的作用效果。对于农业技术进步的检验结果来说，互联网具有显著的正向影响，但其影响系数十分小（0.001），且在基准模型里没有体现出显著影响，因此，并不影响结果的稳健性。

表 6-9                                               反事实检验

| 变量 | 农业全要素生产率增长对数值 | 农业技术进步对数值 | 农业技术效率变化对数值 |
|---|---|---|---|
| 手机信号 | 0.055<br>(0.055) | 0.001<br>(0.001) | 0.054<br>(0.054) |
| $R^2$ | 0.027 | 0.944 | 0.024 |
| 观测值 | 7341 | 7341 | 7341 |
| 互联网 | 0.012<br>(0.010) | 0.001***<br>(0.000) | 0.011<br>(0.010) |
| $R^2$ | 0.032 | 0.930 | 0.031 |
| 观测值 | 4788 | 4788 | 4788 |
| 3G 移动网络 | -0.000<br>(0.006) | 0.000<br>(0.000) | -0.000<br>(0.006) |
| $R^2$ | 0.033 | 0.931 | 0.032 |
| 观测值 | 4668 | 4668 | 4668 |

注：（1）模型中均控制了农户固定效应和年份固定效应；（2）括号中数字为标准误；（3）*、**、***分别表示10%、5%、1%的显著性水平；（4）固定效应模型均采用了 Robust 方差结构修正截面异方差；（5）限于篇幅，表中省略了常数项和控制变量的估计结果。

## 6.4.2　倾向得分匹配法检验

为排除可能存在的长期趋势干扰，本章结合倾向得分匹配再次运用倍差法进行检验，即在回归之前，首先对样本进行匹配，具体操作如下：选取当年接通信息工程农户前一年的各项指标与当年未接通信息工程农户前一年的指标数据进行倾向得分匹配①，例如，对于 2008 年接通互联网的农户来说，用其 2007 年的各项指标与 2008 年没有接通互联网农户的2007 年数据进行匹配，各年匹配之后去除处于共同支撑区域外的样本，

———————

① 匹配的协变量包括村级、家庭和户主特征共 16 个变量：农户所在村庄是否处于山区、村庄年末常住人口、村庄与公路干线距离、村庄人均收入；农户家庭类型、家庭收入主要来源、家庭经营主业、是否国家干部职工户、是否乡村干部户、家庭人口数、人均耕地面积、人均收入；户主性别、年龄、受教育程度、是否受过农业技术教育或培训。在匹配方法上，本章选择半径匹配法，半径设置为 0.001。限于篇幅，匹配结果未能展示。

最终使用匹配后的样本重新进行双重差分。由于未接通手机信号的农户比例较小，在数据量上无法实现合理匹配，本章仅对互联网和 3G 移动网络进行检验。

估计结果如表 6-10 所示，匹配后的结果与基准模型结果一致，且在排除长期趋势干扰后，信息化的影响程度增大，这进一步证实了信息化对农业全要素生产率和技术效率的增长效应。

表 6-10　　　　　　　　倾向得分匹配法检验

| 变量 | 农业全要素生产率增长对数值 | 农业技术进步对数值 | 农业技术效率变化对数值 |
| --- | --- | --- | --- |
| 互联网 | 0.019 **<br>(0.009) | 0.000<br>(0.000) | 0.019 **<br>(0.009) |
| $R^2$ | 0.043 | 0.950 | 0.035 |
| 观测值 | 5847 | 5847 | 5847 |
| 3G 移动网络 | 0.016 **<br>(0.007) | 0.000<br>(0.000) | 0.016 **<br>(0.007) |
| $R^2$ | 0.038 | 0.942 | 0.031 |
| 观测值 | 8264 | 8264 | 8264 |

注：（1）模型中均控制了农户固定效应和年份固定效应；（2）括号中数字为标准误；（3）*、**、*** 分别表示 10%、5%、1% 的显著性水平；（4）固定效应模型均采用了 Robust 方差结构修正截面异方差；（5）限于篇幅，表中省略了常数项和控制变量的估计结果。

## 6.4.3　滞后效应检验

为避免部分村庄信息工程接通的调查时间存在误差以及检验信息工程的滞后影响，本章将村庄的各项信息工程接通时间均滞后一年进行回归，仍能得到与基准回归一致的结论（见表 6-11）。与基准模型结果（见表 6-7）不同的是，此处显现了互联网对技术进步的显著影响，但其影响系数为 0，即不具有经济意义上的显著影响，因此，这一结果并不会影响核心结论的稳健性。

表6-11　　　　　　　　　　　　滞后效应检验

| 变量 | 农业全要素生产率增长对数值 | 农业技术进步对数值 | 农业技术效率变化对数值 |
|---|---|---|---|
| 手机信号 | 0.034 **<br>(0.016) | 0.000<br>(0.000) | 0.034 **<br>(0.016) |
| R² | 0.039 | 0.953 | 0.030 |
| 观测值 | 10482 | 10482 | 10482 |
| 互联网 | 0.010 **<br>(0.005) | -0.000 **<br>(0.000) | 0.011 **<br>(0.005) |
| R² | 0.039 | 0.953 | 0.030 |
| 观测值 | 10482 | 10482 | 10482 |
| 3G 移动网络 | 0.024 ***<br>(0.006) | -0.000<br>(0.000) | 0.024 ***<br>(0.006) |
| R² | 0.040 | 0.952 | 0.032 |
| 观测值 | 9946 | 9946 | 9946 |

注：（1）模型中均控制了农户固定效应和年份固定效应；（2）括号中数字为标准误；（3）*、**、*** 分别表示10%、5%、1%的显著性水平；（4）固定效应模型均采用了 Robust 方差结构修正截面异方差；（5）限于篇幅，表中省略了常数项和控制变量的估计结果。

## 6.5 本章小结

本章基于全国农村固定观察点2004~2016年的农户数据以及对部分观察点村庄信息化情况的补充调查数据，运用倍差法对手机信号、互联网和移动网络信息工程对农户农业全要素生产率增长及其分解因素的影响效果进行估计。研究结果表明，信息化发展对农户农业全要素生产率增长具有促进作用，这种作用主要来源于农业技术效率变化的提高。但是，由于农村人力资本的制约，信息化对农业技术进步的影响在样本期内并不显著。在稳健性检验中，反事实、匹配法以及滞后效应检验等均得到类似结果。

从这一结果上来看，信息化应有助于通过促进生产效率提升帮助农户提高农业收入，但结合第5章中信息化导致农户的农业劳动和资本投入显著减少的结果来看，在短期内，农户的农业投入减少幅度大于生产效率提升幅度，因此导致，尽管信息化有助于通过帮助农户提升销售价格和生产效率而提高其农业收入，但在信息化发展前期仍没能抵得过信息化在促进农村劳动力转移后，对农户农业生产投入减少的负向影响，这使得农业生产经营在整个家庭经营中的比重降低，导致手机信号和互联网接通对农户的农业收入表现出了抑制效果。

但是，在长期内，我们不必对信息化减少了农户的农业收入过于担心，因为这种负向影响随着农业生产效率的提升在减弱至消失，甚至可能在未来呈现正向影响，生产效率的不断提升将有助于提高农业收入。此外，本章的样本中，农户家庭人均耕地面积仅7.9亩，超过30亩的样本不足4%，这意味着本章的对象大部分都是小规模农户，大规模农户、专业大户等新型农业经营主体不在本章的研究范围内。因此，本书上一章关于信息工程接通导致农业收入减少和粮食减产的结论并不代表我国农业现阶段的整体情况。一方面，对样本中小规模农户来说，小规模农业生产的经济效应并不高，而信息化发展在一定程度上解放了这部分人群进入非农行业以提高其家庭总收入；另一方面，小农户减少农业生产经营，将会使得土地逐渐向一些专业大户、家庭农场、龙头企业等新型农业经营主体和新农人转移，促进我国农业向规模化、产业化方向发展，这些大规模的新型农业经营主体将成为未来我国农业发展的必然趋势。而在信息化的引领下，部分小农户的退出以及整体农业生产效率的提高也将有助于我国实现农业现代化以及向农业强国转变。

根据本章和第5章实证结果，如果假设信息化对样本外的大规模新型经营主体的生产效率同样具有提升作用，那么信息化将会大大提高我国农业产出以及农户农业收入，也因此能够保障我国的粮食安全以及促进农业的稳定增长。因此，从长期发展来看，农村信息化将有助于我国农业生产的发展，起到提质增效和促进农业收入增长的作用。信息化在提高农业生产率上发挥了重要作用，为回答我国农业将来"怎么种地"等难题提供了有效途径。

# 农村信息化对农户收入 差距的影响

## 7.1 研究背景

前两章的研究结果表明，信息化的确能够促进农户收入的增长，且目前主要通过促进非农工资性收入提高农户家庭总收入。虽然信息化在促进农业收入增长方面并没有起到显著作用，但是有助于提高农户的粮食单产和农业生产效率。那么是否所有的农户均能从信息化中受益？在缩小农村地区收入差距方面，信息化发展是否可以避免"数字鸿沟"的"魔咒"起到积极的作用呢？哪些因素导致不同农户之间可能存在信息收益差异？怎样才能使得低收入水平的小农户在信息化发展过程中同样享受到"信息红利"？本章的研究内容将有助于回答上述问题。

在信息化对收入差距的影响上，过去的研究绝大部分集中在城乡或地区之间的比较上，如欣德曼（Hindman，2000）、胡鞍钢和周绍杰（2002）、弗鲁霍尔特和克里斯蒂安森（Furuholt and Kristiansen，2007）、里士满和特里普利特（Richmond and Triplett，2018）等人认为互联网发展的不均衡加剧了地区以及城乡之间的收入差距；程名望和张家平（2019）则认为互联网普及对城乡收入差距的影响以 2009 年为分界点呈现先增加后降低的趋势；库马尔和肯尼斯顿（Kumar and Keniston，2004）发现，各地区不同的信息化发展水平导致了"数字鸿沟"的出现，进而拉大了区域之间的收入差距。在针对农村内部收入差距的研究中，现有研究从多个角度，如人力资本、物质资本、社会资本、政策和制度、区域发展水平等，提出了影响农户收入差距的因素（程名望等，2015），但是对农村信息化在其中所起的作用还缺乏足够的重视和应有的分析。在我国面向现代化发展的过程中，缩小农村内部收入差距对于平衡充分发展的实现至关重要，信息技术作为推动我国新农村建设以及驱动农业现代化的先导力量，将深刻影响我国农村内部收入分配格局。

本章将对信息化与农户收入差距之间的关系进行量化研究，并针对不同群体特征的农户，如年龄阶段、受教育程度以及所处村庄道路基础设施条件等，对手机信号、互联网和移动网络对农户收入的影响差异进行深入分析。这不仅能够更加深入地了解信息化对农户收入差距的作用机制，还能够为政府进一步发展农村信息化提供更有针对性的指导和建议。探索农村信息化在"缩差"中的作用对促进农民由"生活宽裕"向"生活富裕"提升、走中国特色减贫之路、实现城乡人民共同富裕具有重要意义。

## 7.2 数据分析与实证模型

### 7.2.1 数据分析

本章所用数据与第 4 章数据相同，即 2004~2014 年全国农村固定观察点数据及对部分固定观察点村庄的信息化补充追踪调查数据，变量描述性统计可参见第 4 章。

为反映农村内部收入差距的变化，本章按人均纯收入、工资性收入和农业纯收入计算了基尼系数（见图7-1）。结果表明，在样本年限内，我国农村内部收入的基尼系数在0.4左右，其中有5个年份的基尼系数超过0.4的国际警戒线，表明我国农村内部收入分配并不均衡，农户之间收入差距较大。按收入结构来看，工资性收入基尼系数在样本年份内处于下降趋势，但仍然较高，由2004年的0.507下降到2014年的0.447；农业收入基尼系数处于大幅增长趋势，2014年增至0.785。由此表明，虽然农户的整体收入水平得到了较大改善，但农户之间的收入差距依旧不容忽视。

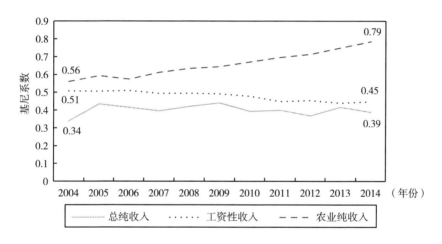

**图7-1 2004~2014年农户收入基尼系数变化**

## 7.2.2 实证模型

### 1. 分位数回归

关于信息化对农户收入差距的影响，参考高梦滔和姚洋（2006）以及程名望等（2015）做法，本章采用分位数回归法，估计信息工程对于高、中、低不同收入组农户收入的边际影响，如果信息工程对低收入农户的边际影响大于中等收入和高收入农户，则具有缩小收入差距的作用，反之则为扩大收入差距。

分位数回归能精确解释变量对于被解释变量的变化范围以及条件分布形状的影响（Koenker and Bassett，1978）。由于不同分位数的模型估计系数往往是不同的，从而能够解释因变量对不同水平下自变量的影响差异。参照陈强（2014），分位数回归模型如下：

$$y_q(x_i) = x_i'\beta_q \tag{7-1}$$

其中，$\beta_q$ 为 $q$ 分位数回归系数，其估计量 $\hat{\beta}_q$ 由如下最小化问题来进行估计：

$$\min_{\beta_q} \sum_{i:y_i \geq x_i'\beta_q}^{n} q|y_i - x_i'\beta_q| + \sum_{i:y_i \geq x_i'\beta_q}^{n} (1-q)|y_i - x_i'\beta_q| \tag{7-2}$$

本章将 $q$ 取值为 1/4、1/2 和 3/4 进行回归估计，即使用 25、50 和 75 分位数来分别代表低、中、高收入组。

对信息化与农户收入关系模型进行位数回归分析，可得如下公式：

$$Q_\tau(Y_{ivt} \mid X) = \alpha_\tau + \beta_\tau D_{vt} + \sigma_\tau X_{it} + \gamma_\tau X_{vt} + \mu_{i,\tau} + v_{t,\tau} + \varepsilon_{ivt,\tau} \tag{7-3}$$

其中，$Y_{ivt}$ 代表农户的人均纯收入、人均工资性收入和人均农业纯收入；$D_{vt}$ 表示农户所在村庄 $v$ 在第 $t$ 年是否接通了手机信号、互联网或 3G 移动网络，即农户所在村庄在信息工程首次接入当年及以后所有年份均设置为 1，接入之前所有年份则设置为 0；$X_{it}$ 和 $X_{vt}$ 分别表示其他影响农户收入的户级和村级层面的控制变量[①]；$\mu_{i,\tau}$ 为农户个体固定效应；$v_{t,\tau}$ 为年份固定效应；$\tau$ 为分位点，$Q_\tau(Y_{it} \mid X)$ 为给定解释变量 $X$ 下的 $Y_{it}$ 第 $\tau$ 分位数；$\varepsilon_{ivt,\tau}$ 为误差项；系数 $\beta_\tau$ 则为本章最关注的核心参数。

为进一步减弱内生性问题，在进行分位数回归之前，本章先对样本农户进行匹配，匹配方法与第 4 章相同：选取当年接通信息工程农户前一年的各项指标与当年未接通信息工程农户前一年的指标数据进行倾向得分匹配，例如，对于 2008 年接通互联网的农户来说，用其 2007 年的各项指标与 2008 年没有接通互联网农户的 2007 年数据进行匹配，各年匹配之后去

---

① 户主性别、年龄、受教育程度、乡村干部身份、是否受过农业技术教育或培训、家庭经营主业、家庭劳动力比例、家庭人均耕地面积和村庄距离公路干线距离以及村庄人均收入。

除处于共同支撑区域外的样本，最终使用匹配后的样本进行双重差分。本章的匹配为针对每项信息工程按照年份单独匹配，因此共计匹配 23 次①。匹配协变量主要包括：农户家庭类型、家庭收入主要来源、家庭经营主业、是否国家干部职工户、是否乡村干部户、家庭人口数、人均耕地面积、人均收入；户主性别、年龄、受教育程度、是否受过农业技术教育或培训；村庄年末常住人口、村庄人均收入、村庄距离公路干线距离、村庄是否处于山区。

### 2. 异质性模型

对信息工程的异质性研究可以通过在匹配倍差法模型中加入信息工程变量与农户特征的交互项得以实现，回归模型如下：

$$Y_{ivt} = \alpha + \beta D_{vt} + \gamma D_{vt} \times E_{ivt} + \sigma X_{it} + \lambda X_{vt} + \mu_i + v_t + \varepsilon_{ivt} \qquad (7-4)$$

其中，$Y_{ivt}$ 代表农户的人均纯收入、人均工资性收入和人均农业纯收入；$D_{vt}$ 表示农户所在村庄 $v$ 在第 $t$ 年是否接通了手机信号、互联网或 3G 移动网络，即农户所在村庄在信息工程首次接入当年及以后所有年份均设置为 1，接入之前所有年份则设置为 0；$E_{ivt}$ 代表本章所关心的农户特征（户主年龄、受教育程度和农户所在村庄道路基础设施条件），$D_{vt} \times E_{ivt}$ 代表信息工程与农户特征交互项，若 $\gamma > 0$ 则代表受教育水平较高的农户从信息工程中的获益更多，$\gamma < 0$ 则相反；$X_{it}$ 和 $X_{vt}$ 分别表示其他影响农户收入的户级和村级层面的控制变量②；$\mu_i$ 为农户个体固定效应；$v_t$ 为年份固定效应；$\varepsilon_{ivt}$ 为误差项。

---

① 各年份进行匹配的时候，由于手机信号从 2010 年之后几乎所有村庄都已经接通，所以只能对 2004~2009 年手机信号接通与否的农户进行匹配，匹配 6 次；3G 移动网络是从 2009 年才开始接通，所以只能对 2009~2014 年 3G 移动网络接通与否的农户进行匹配，匹配 6 次；互联网进行全年份匹配，匹配 11 次；匹配方法选择半径匹配法，半径设置为 0.001。

② 户主性别、年龄、受教育程度、乡村干部身份、是否受过农业技术教育或培训、家庭经营主业、家庭劳动力比例、家庭人均耕地面积和村庄距离公路干线距离以及村庄人均收入。

**7.3** **分位数回归模型结果分析**

分位数估计结果汇报在表7-1中。就总收入来看，手机信号对三个收入组的影响系数最高，且均显著为正，低、中、高收入组系数分别为623.982、891.189和1213.726；互联网对中、高收入组的影响不显著，但对低收入组反而有轻微抑制作用；3G移动网络仅对高收入组有显著正向影响。就工资性收入来看，手机信号对低、中、高收入组的影响均显著为正，系数分别为828.577、1010.207和1357.031；互联网对三个收入组均未表现出显著影响；3G移动网络对三个收入组影响均显著为正，且系数由低到高收入组逐渐增加，分别为341.149、1153.549和2143.898。就农业收入来看，手机信号对中、高收入组有显著正向影响，系数分别为185.864和266.305；互联网对三个收入组有显著负向影响，且影响大小排序均为高收入组 > 低收入组 > 中等收入组；3G移动网络对中、高收入组有显著负向影响，系数分别为 -37.118 和 -52.712。总体来看，三项信息工程对较高收入群体的影响程度更大。

表7-1　　　　　　　　　　分位数回归结果

| 类别 | 变量 | q25 | q50 | q75 | 观察值 |
|---|---|---|---|---|---|
| 人均纯收入 | 回归1：手机信号 | 623.982 *** <br> (194.086) | 891.189 *** <br> (210.233) | 1213.726 *** <br> (274.638) | 8854 |
| | 回归2：互联网 | -160.114 ** <br> (78.290) | -38.284 <br> (106.115) | 175.611 <br> (153.095) | 8471 |
| | 回归3：3G 移动网络 | 183.052 <br> (128.419) | 245.131 <br> (157.177) | 644.304 ** <br> (265.359) | 11505 |
| 人均工资性收入 | 回归1：手机信号 | 828.577 *** <br> (118.227) | 1010.207 *** <br> (144.499) | 1357.031 *** <br> (175.497) | 8622 |
| | 回归2：互联网 | -76.176 <br> (75.325) | -105.938 <br> (84.373) | 49.401 <br> (104.947) | 8097 |
| | 回归3：3G 移动网络 | 341.149 *** <br> (74.882) | 1153.549 *** <br> (124.379) | 2143.898 *** <br> (180.185) | 10394 |

续表

| 类别 | 变量 | q25 | q50 | q75 | 观察值 |
|------|------|-----|-----|-----|--------|
| 人均农业纯收入 | 回归1：手机信号 | −36. 249<br>(59. 487) | 185. 864 ***<br>(58. 477) | 266. 305 ***<br>(77. 296) | 10128 |
| | 回归2：互联网 | −72. 160 ***<br>(22. 209) | −54. 572 ***<br>(19. 470) | −88. 919 ***<br>(29. 377) | 9763 |
| | 回归3：3G 移动网络 | −31. 426<br>(19. 385) | −37. 118 *<br>(19. 053) | −52. 712 **<br>(23. 994) | 12747 |

注：（1）括号中数字为标准误；（2） * 、** 、*** 分别表示10%、5%、1%的显著性水平；（3）控制变量包括：村庄固定效应、年份固定效应、户主性别、年龄、受教育程度、乡村干部身份、是否受过农业技术教育或培训、家庭经营主业、家庭劳动力比例、家庭人均耕地面积、村庄距离公路干线距离以及村庄人均收入；（4）限于篇幅，表中省略了常数项和控制变量的估计结果。

系数差异的显著性检验见表 7 - 2。"系数差"表示各项信息工程对不同收入组农户收入的边际影响差异，"系数差"显著则表明该项信息工程对农户收入差距有显著影响，系数为正则表示拉大农户收入差距；系数为负表示缩小农户收入差距（程名望等，2015）。结果显示，总体上三项信息工程均拉大了较低收入组和高收入组之间的收入差距；从结构性收入来看，手机信号拉大了中、高收入组以及低、高收入组之间的工资性收入差距，互联网拉大了中、高收入组之间的工资性收入差距，3G 移动网络拉大了低、中、高三个收入组之间的工资性收入差距；而对于农业收入来说，仅手机信号的估计结果显示加剧了中、低收入组和低、高收入组之间的收入差距，其他两项信息工程的影响并不显著。虽然三项信息工程对不同收入组的影响程度略有差异，但总体显示出了信息化拉大了农户之间的收入差距。

表 7 −2 分位数差异检验结果

| 类别 | 检验指标 | Test q25，q50 | | Test q50，q75 | | Test q25，q75 | |
|------|----------|------|------|------|------|------|------|
| | | 系数差 | P 值 | 系数差 | P 值 | 系数差 | P 值 |
| 人均纯收入 | 手机信号 | 267. 207 | 0. 146 | 322. 537 | 0. 178 | 589. 744 ** | 0. 036 |
| | 互联网 | 121. 83 | 0. 117 | 213. 895 * | 0. 099 | 335. 725 ** | 0. 019 |
| | 3G 网络 | 62. 079 | 0. 636 | 62. 079 * | 0. 071 | 461. 252 * | 0. 070 |

续表

| 类别 | 检验指标 | Test q25, q50 | | Test q50, q75 | | Test q25, q75 | |
|---|---|---|---|---|---|---|---|
| | | 系数差 | P值 | 系数差 | P值 | 系数差 | P值 |
| 人均工资性收入 | 手机信号 | 181.63 | 0.141 | 346.824 ** | 0.028 | 528.454 *** | 0.002 |
| | 互联网 | -29.762 | 0.707 | 155.339 * | 0.081 | 125.577 | 0.245 |
| | 3G网络 | 812.4 *** | 0.000 | 990.349 *** | 0.000 | 1802.749 *** | 0.000 |
| 人均农业纯收入 | 手机信号 | 222.113 *** | 0.000 | 80.441 | 0.202 | 302.554 *** | 0.000 |
| | 互联网 | 17.88 | 0.439 | -34.347 | 0.205 | -16.759 | 0.583 |
| | 3G网络 | -5.692 | 0.792 | -15.594 | 0.489 | -21.286 | 0.461 |

注：*、**、***分别表示10%、5%、1%的显著性水平。

综上可知，信息化发展总体上加剧了收入差距，说明目前我国农村信息化与农户收入差距的关系仍处于倒"U"形曲线左侧。这种差距主要来自于农户工资性收入的不均衡，也就是说较高收入农户能更好地利用获取到的非农就业等信息较快地实现劳动力转移以及农业和非农资源的优化组合，以提高其家庭总收入。同时也说明我国部分农户并未能较好地利用信息技术提高其增收能力。这一结果呼应了许竹青等（2013）的判断，即在信息化进程的大力推进下，我国农村地区的信息基础设施逐渐趋于完善，信息接入的"一级数字鸿沟"已经基本填平，但是由不同农户之间信息利用和处理能力差异所导致的"二级数字鸿沟"依然较大。

##  农村信息化对农户收入的异质性影响

### 7.4.1 农户受教育程度差异

受教育程度往往与农户的技能密切相关，受教育程度越高的农户越容易掌握信息工具的使用技能，对信息搜寻和利用的能力也越强，从而越容易从中受益，而这一差异可能会加剧农户之间的收入差距。本章首先用受教育程度来代表农户获取和利用信息的能力，研究信息化对收入分配影响的异质性。

表 7 - 3 的回归结果表明，户主受教育程度与 3G 移动网络的交互项在人均纯收入和人均工资性收入模型中显著为正，表明信息工程对较高受教育水平农户的增收作用更强，且主要通过加剧工资性收入差距造成了农户之间的收入分配不均，同时也意味着信息化发展能够帮助农村地区提高教育回报率；而对于农业纯收入来说，仅有手机信号与户主受教育程度的交互项在 10% 的水平上显著为负，其他两项信息工程的交互项均不显著，这可能是由于对农业生产来说，农户的种植经验对农业增收的影响比其受教育水平更加重要。但整体来看，受教育水平更高的群体从信息工程中获益更多。因此，我国未来信息化建设的关键在于提高农户的信息获取和利用能力，增加农村地区教育和信息技能培训投入，提高整体文化水平，以保证农户能够最大限度地利用信息工具帮助其优化生产和就业决策，促进收入持续增长，减小收入差距。

表 7 - 3　　　　　信息化对不同受教育水平农户的收入分配效应

| 变量 | 人均纯收入 | 人均工资性收入 | 人均农业纯收入 |
|---|---|---|---|
| 手机信号 | - 302. 001<br>(638. 254) | 934. 573 *<br>(486. 148) | 113. 890<br>(192. 470) |
| 户主受教育程度 | 41. 192<br>(100. 679) | 51. 995<br>(81. 130) | 13. 392<br>(39. 200) |
| 手机信号 × 户主受教育程度 | 35. 981<br>(83. 623) | - 3. 041<br>(74. 939) | - 59. 111 *<br>(35. 340) |
| 控制变量 | 是 | 是 | 是 |
| 观察值 | 8854 | 8622 | 10128 |
| $R^2$ | 0. 177 | 0. 266 | 0. 071 |
| 互联网 | - 162. 681<br>(489. 887) | - 339. 987<br>(295. 810) | 17. 850<br>(166. 232) |
| 户主受教育程度 | 9. 393<br>(60. 941) | 53. 127<br>(47. 803) | - 19. 012<br>(24. 556) |
| 互联网 × 户主受教育程度 | 49. 714<br>(63. 534) | 25. 362<br>(41. 374) | - 24. 543<br>(25. 794) |

续表

| 变量 | 人均纯收入 | 人均工资性收入 | 人均农业纯收入 |
|---|---|---|---|
| 控制变量 | 是 | 是 | 是 |
| 观察值 | 8471 | 8097 | 9763 |
| R² | 0.214 | 0.288 | 0.027 |
| 3G 移动网络 | -866.946<br>(726.389) | -1,633.421***<br>(381.634) | 493.085<br>(332.983) |
| 户主受教育程度 | -5.050<br>(43.471) | 55.860<br>(36.116) | -30.575<br>(19.559) |
| 3G 移动网络×户主受教育程度 | 317.972***<br>(104.969) | 287.000***<br>(55.765) | -47.446<br>(45.671) |
| 控制变量 | 是 | 是 | 是 |
| 观察值 | 11505 | 10394 | 12747 |
| R² | 0.201 | 0.269 | 0.031 |

注：（1）括号中数字为标准误；（2）＊、＊＊、＊＊＊分别表示10%、5%、1%的显著性水平；（3）回归模型均使用了稳健标准误；（4）控制变量包括：年份固定效应、农户固定效应、户主性别、年龄、乡村干部身份、是否受过农业技术教育或培训、家庭经营主业、家庭劳动力比例、家庭人均耕地面积、村庄距离公路干线距离以及村庄人均收入；（5）限于篇幅，表中省略了常数项和控制变量的估计结果。

## 7.4.2 农户年龄差异

信息化作为一种新生事物，对不同年龄阶段的个体影响可能存在差异。年轻人相较年纪大的人更容易受到信息技术的吸引，且对新鲜事物接受能力更快，因而信息"红利"可能更多地被年轻人所分享。

表7-4的回归结果显示，户主年龄与互联网、3G移动网络的交互项在人均纯收入模型中显著为负，户主年龄与所有三项信息工程的交互项在人均工资性收入模型中均显著为负，对于农业收入模型来说，3G移动网络与户主年龄交互项显著为负。整体来看，信息工程对年龄较小农户的增收作用更强，尤其体现在工资性收入上。这说明与年长的户主相比，年轻户主更易从信息化发展中获益，即信息化主要促进了农村地区的年轻劳动力向非农行业转移，提高其家庭工资性收入和总收入。

表7-4　　　　　　　信息化对不同年龄农户的收入分配效应

| 变量 | 人均纯收入 | 人均工资性收入 | 人均农业纯收入 |
|---|---|---|---|
| 手机信号 | 1276. 237<br>(913. 121) | 2331. 339 **<br>(904. 445) | -41. 155<br>(329. 903) |
| 户主年龄 | 38. 760<br>(28. 764) | 14. 715<br>(19. 153) | -2. 379<br>(8. 316) |
| 手机信号×户主年龄 | -26. 276<br>(16. 777) | -28. 540 *<br>(16. 759) | -4. 779<br>(5. 867) |
| 控制变量 | 是 | 是 | 是 |
| 观察值 | 8854 | 8622 | 10128 |
| $R^2$ | 0. 178 | 0. 266 | 0. 071 |
| 互联网 | 3306. 225 ***<br>(943. 483) | 1632. 901 ***<br>(502. 651) | -388. 778<br>(286. 881) |
| 户主年龄 | 55. 043 ***<br>(21. 119) | 15. 226<br>(10. 418) | -2. 727<br>(5. 015) |
| 互联网×户主年龄 | -58. 250 ***<br>(15. 709) | -33. 987 ***<br>(9. 434) | 4. 555<br>(5. 152) |
| 控制变量 | 是 | 是 | 是 |
| 观察值 | 8471 | 8097 | 9763 |
| $R^2$ | 0. 216 | 0. 290 | 0. 027 |
| 3G 移动网络 | 5965. 119 ***<br>(1359. 008) | 3238. 095 ***<br>(707. 992) | 1105. 764 **<br>(462. 188) |
| 户主年龄 | 20. 917<br>(14. 109) | 6. 907<br>(9. 158) | -1. 299<br>(4. 573) |
| 3G 移动网络×户主年龄 | -83. 985 ***<br>(22. 860) | -52. 188 ***<br>(11. 747) | -16. 904 **<br>(7. 895) |
| 控制变量 | 是 | 是 | 是 |
| 观察值 | 11505 | 10394 | 12747 |
| $R^2$ | 0. 202 | 0. 267 | 0. 031 |

　　注：（1）括号中数字为标准误；（2）＊、＊＊、＊＊＊分别表示10%、5%、1%的显著性水平；（3）回归模型均使用了稳健标准误；（4）控制变量包括：年份固定效应、农户固定效应、户主性别、年龄、乡村干部身份、是否受过农业技术教育或培训、家庭经营主业、家庭劳动力比例、家庭人均耕地面积、村庄距离公路干线距离以及村庄人均收入；（5）限于篇幅，表中省略了常数项和控制变量的估计结果。

## 7.4.3 村庄道路基础设施条件差异

在提高农户收入问题上，信息基础设施和交通基础设施建设之间存在一定相似性，可能存在互补关系。有研究认为道路基础设施的改善能够促进农村地区非农部门的发展以及农村劳动力转移（邓蒙芝等，2011），从而对提高农户收入具有着重要作用（刘生龙和周绍杰，2011）。原因在于，道路的通畅能够降低农村劳动力的转移成本，有助于农户"走出去"并加强与外界的信息交流沟通。在提高农户收入问题上，其作用与信息化较为相似，两者可能存在着某种联系。探究信息化对不同道路条件村庄农户的异质性影响，有助于理清互联互通在促进我国农户收入增长和农村经济发展上的重要作用。

表 7 - 5 的回归结果显示，信息工程与道路条件交互项对农户总收入的影响仍然在移动网络时期才得以显现，且该项系数为正，意味着信息工程接通对距离公路干线越远村庄农户的收入增长促进作用更强，也即对道路基础设施条件较差村庄农户的影响更大；移动网络接通与道路条件交互项对农户工资性收入的影响也显著为正，即信息化对距离公路干线较远村庄农户工资性收入的正向作用更大；而对于农户的农业收入来说，三项信息工程与道路条件交互项均显著为负，这说明信息化对距离公路干线较远村庄农户农业收入的影响程度较小。

表 7 - 5　　　信息化对不同道路基础设施条件村庄农户的收入分配效应

| 变量 | 人均纯收入 | 人均工资性收入 | 人均农业纯收入 |
| --- | --- | --- | --- |
| 手机信号 | 1604. 134<br>（1089. 922） | 1481. 891 *<br>（834. 597） | 16. 139<br>（165. 600） |
| 村庄距离公路干线距离 | 500. 842 **<br>（237. 530） | 159. 169<br>（154. 931） | 15. 770<br>（30. 651） |
| 手机信号 × 村庄距离公路干线距离 | − 424. 129<br>（237. 218） | − 122. 944<br>（153. 326） | − 64. 078 **<br>（29. 810） |
| 控制变量 | 是 | 是 | 是 |

续表

| 变量 | 人均纯收入 | 人均工资性收入 | 人均农业纯收入 |
|---|---|---|---|
| 观察值 | 8854 | 8622 | 10128 |
| $R^2$ | 0.178 | 0.266 | 0.071 |
| 互联网 | 253.521<br>(363.882) | -482.902 **<br>(204.462) | 92.000<br>(130.427) |
| 村庄距离公路干线距离 | 206.330 *<br>(105.289) | -41.911<br>(68.823) | 38.340<br>(39.465) |
| 互联网×村庄距离公路干线距离 | -29.762<br>(81.430) | 124.595<br>(75.970) | -99.542 **<br>(44.456) |
| 控制变量 | 是 | 是 | 是 |
| 观察值 | 8471 | 8097 | 9763 |
| $R^2$ | 0.214 | 0.290 | 0.030 |
| 3G 移动网络 | 1036.175 ***<br>(218.368) | -5.207<br>(183.152) | 563.653 ***<br>(128.573) |
| 村庄距离公路干线距离 | 52.763 **<br>(26.420) | 8.794<br>(15.360) | -20.907 **<br>(8.485) |
| 3G 移动网络×村庄距离公路干线距离 | 83.116 **<br>(33.909) | 105.611 **<br>(51.330) | -119.497 ***<br>(37.458) |
| 控制变量 | 是 | 是 | 是 |
| 观察值 | 11505 | 10394 | 12747 |
| $R^2$ | 0.200 | 0.266 | 0.037 |

注:(1)括号中数字为标准误;(2) * 、 ** 、 *** 分别表示10%、5%、1%的显著性水平;(3)回归模型均使用了稳健标准误;(4)控制变量包括:年份固定效应、农户固定效应、户主性别、年龄、乡村干部身份、是否受过农业技术教育或培训、家庭经营主业、家庭劳动力比例、家庭人均耕地面积、村庄距离公路干线距离以及村庄人均收入;(5)限于篇幅,表中省略了常数项和控制变量的估计结果。

这表明在提高农户收入问题上,信息基础设施对道路基础设施的影响存在一定互补性。也就是说,信息化有利于偏远地区农户向非农就业的转移,通过增加其工资性收入提高农户总收入,从而弥补其道路交通不便对其造成的影响。由此可见,对于那些由于道路不通所导致的相对闭塞的村庄来说,信息化在提高农户工资性收入和总收入上对道路交通起到了补充作用。

这意味着可以通过加大偏远地区的信息基础设施建设来弥补其道路条件的不足。截至 2016 年，我国仍有 3.2% 的村不通水泥或者柏油公路，仍有 0.7% 的村不通公路，交通成为了这些地区农民"走出去"以及获取信息的一大障碍。而由于地理位置的限制，部分偏远地区若想要加强道路基础设施建设将需要很大的成本，对于这些地区来说，政府应加大信息基础设施建设力度，以保证他们早日打破封闭状态，通过获取足够的信息来进行更加优化的生产和就业决策，从而促进收入的增加。

 **7.5 稳健性检验及进一步讨论**

### 7.5.1 信息化综合水平变量检验

为检验上述结果的可靠性，本章根据第 4 章方法，将各项信息工程合并为一个变量来综合代表村庄信息化水平，[①] 并将合并的信息化综合水平变量对农户收入进行分位数回归来进一步验证信息化与农户收入差距之间的关系。

表 7-6 中，用信息化水平指数对农户人均纯收入、人均工资性收入和人均农业纯收入分别进行分位数回归。结果显示，信息化对收入水平较高农户的人均纯收入和工资性收入影响程度更大，拉大了农户之间的收入差距，这种差距主要由工资性收入差距导致，该结果与上述结果相一致。

---

① 本章实际上采取了两种办法对手机信号、互联网、2G 和 3G 移动网络工程变量进行合并，一是四项信息工程加总变量，二是利用主成分分析法（PCA）对四项信息工程变量进行降维处理，形成一个综合指数来代表村庄信息化水平。两种信息化水平度量的模型结果一致，主成分分析法（PCA）的模型结果请见附录 C。

表7-6　　　　　　　　信息化综合水平分位数回归结果

| 自变量：信息化综合水平 | 人均纯收入 | 人均工资性收入 | 人均农业纯收入 |
|---|---|---|---|
| q25 | 79.124<br>(51.679) | 77.432***<br>(27.379) | -8.519<br>(8.792) |
| q50 | 179.851***<br>(68.945) | 47.299<br>(52.463) | -12.699<br>(9.021) |
| q75 | 338.027***<br>(93.426) | 179.813**<br>(73.750) | 0.951<br>(11.567) |
| 控制变量 | 是 | 是 | 是 |
| 观察值 | 12245 | 10951 | 13399 |

注：（1）括号中数字为标准误；（2）＊、＊＊、＊＊＊分别表示10%、5%、1%的显著性水平；（3）控制变量包括年份固定效应、村庄固定效应、户主性别、年龄、受教育程度、乡村干部身份、是否受过农业技术教育或培训、家庭经营主业、家庭劳动力比例、家庭人均耕地面积、村庄距离公路干线距离以及村庄人均收入；（4）回归模型均使用了稳健标准误；（5）限于篇幅，表中省略了常数项和控制变量的估计结果。

## 7.5.2　村级基尼系数度量收入差距

讨论收入差距会涉及一个范围问题，上述分位数回归相当于把全国作为一个范围考察农户收入差距，这不足以理解地区和村级层面的农户收入差距。因此，本章进一步构建了村级基尼系数，并以之为被解释变量，使用固定效应模型分析信息化综合水平变量的影响。结果仍然显示，信息化在样本阶段中加剧了我国农村内部收入差距（见表7-7）。

表7-7　　　　　　　　信息化对村庄基尼系数的影响

| 变量 | 村庄人均纯收入基尼系数 |
|---|---|
| 信息化综合水平 | 0.014*<br>(0.007) |
| 控制变量 | 是 |
| R² | 0.162 |
| 观察值 | 273 |

注：（1）控制变量包含年份固定效应、村庄固定效应、村庄地势、村庄距离公路干线距离、村庄人均纯收入、村庄人口、村庄已用电户数；回归模型使用了稳健标准误；（2）＊表示在10%的水平下显著。

### 7.5.3  农村信息化与农户收入差距的倒"U"形关系讨论（分区域）

本章进一步分区域讨论信息化与收入差距之间的关系。有文献表明，信息化与收入差距之间的关系存在着倒"U"形特征（Ho and Tseng，2006；张伦和祝建华，2013；程名望和张家平，2019），即随着信息化发展，收入差距先扩大后缩小。目前，虽然本章的数据不能直接检验信息化与农村内部收入差距是否也存在着倒"U"形关系，但可以检验东部和中西部地区的信息化影响是否存在差异。这是由于，我国东部地区发展较快，若信息化与农村内部收入差距之间存在着倒"U"形关系，那么可能会率先在东部地区越过倒"U"形拐点。结果如表7-8所示，信息化加剧了东部地区农户人均纯收入和工资性收入差距，而对中部地区收入差距的影响并不显著。这说明在经济发展最快的东部地区，信息化在样本阶段内仍表现为加剧农户收入差距。这一结论并不能排除倒"U"形关系的存在，只能说明即使存在，其在我国也还处在倒"U"形曲线的左侧。

表7-8　　　　　　　信息化对不同区域农户收入差距的影响

| 自变量：信息化综合水平 | 人均纯收入 | | 人均工资性收入 | | 人均农业纯收入 | |
|---|---|---|---|---|---|---|
| | 东部 | 中西部 | 东部 | 中西部 | 东部 | 中西部 |
| q25 | 197.393 **<br>(81.793) | -15.246<br>(48.619) | 185.192 **<br>(82.354) | 39.695<br>(34.280) | 37.675 **<br>(17.553) | -50.065 ***<br>(12.575) |
| q50 | 184.127 **<br>(73.758) | 3.973<br>(56.551) | 213.335 **<br>(90.658) | -91.033<br>(55.507) | 59.300 ***<br>(17.017) | -41.302 ***<br>(12.751) |
| q75 | 256.985 **<br>(116.528) | 58.252<br>(75.248) | 330.655 ***<br>(104.71) | -70.004<br>(57.123) | 49.271 **<br>(19.046) | -28.669 *<br>(15.592) |
| 控制变量 | 是 | 是 | 是 | 是 | 是 | 是 |
| 观察值 | 4852 | 7392 | 4531 | 6419 | 5355 | 8043 |

注：（1）括号中数字为标准误；（2）＊、＊＊、＊＊＊分别表示10%、5%、1%的显著性水平；（3）控制变量包括年份固定效应、村庄固定效应、户主性别、年龄、受教育程度、乡村干部身份、是否受过农业技术教育或培训、家庭经营主业、家庭劳动力比例、家庭人均耕地面积、村庄距离公路干线距离以及村庄人均收入。

值得关注的是，虽然信息化在我国东部和中西部均表现为加剧农业收入差距，但是方向却是完全相反的，信息化使得东部地区中、高收入农户的农业收入增加的更多，而使得中西部地区中、高收入农户农业收入减少的更少。这说明信息化对农户农业收入的负向影响不断减弱，甚至在东部地区已经完全转向了正向影响，由于我国东部地区技术进步快于中西部地区，这一结果同时呼应了第 4 章中信息技术进步对农户农业收入负向影响不断减弱的动态变化。

受数据条件限制，本章的数据样本年份为 2004 ~ 2014 年，文中实证模型所得出的结论是针对这一个阶段中我国农村信息化对农户收入差距的影响。虽然部分文献认为信息化与收入差距之间存在倒"U"形关系，但在本章的数据阶段中并没有发现可能的拐点，且无法验证我国未来信息化发展是否会进一步缩小农村内部收入差距，本人将会继续对此问题进行追踪研究。

## 7.6　本章小结

本章基于全国农村固定观察点 2004 ~ 2014 年的农户数据以及对部分观察点村庄信息化情况的补充调查数据，运用分位数回归，对手机信号、互联网和移动网络信息工程对不同组别农户收入的影响差异进行估计，并就农户受教育程度、年龄和所处村庄的道路基础设施情况，采用倍差法模型分析了信息工程对农户收入的异质性影响，也即信息化对农户收入差距影响的作用途径。研究结果表明以下四点结论。

第一，信息化对农户收入的正向效应在较高收入农户身上的作用更加明显，加剧了农户之间的收入差距。这种差距主要来源于工资性收入的不均衡增长，较高收入农户能够更好地利用所获信息，优化其农业和非农资源配置，尤其是实现劳动力转移，以提高家庭总收入。

第二，由于信息获取和利用能力等差异，并非所有农户都能从信息化的发展中受益。信息化对于受教育水平越高、年龄越小农户收入增长的促进作用更强，个体特征的异质性将导致农户从信息化中的收益存在差异。

第三，信息化对距离公路干线越远村庄农户的收入增长促进作用更强，即对道路基础设施条件较差村庄农户的影响更大，体现了信息与道路的互联互通在提高农户收入上的互补性。

第四，信息化加剧农户收入差距的作用主要体现在我国经济发展较快的东部地区，样本阶段内两者的关系仍处于可能的倒"U"形拐点左侧。此外，信息化在东部地区已经显著表现出了对农户农业收入的正向影响。

研究结果说明虽然农村地区信息接入的"数字鸿沟"已经基本填平，但信息利用的"数字鸿沟"依然较大，信息化整体上加剧了我国农村内部收入差距。虽然目前我国农民的上网设备（如手机、电脑等）已经较为普及，但是低收入水平农户往往由于文化水平较低只会进行简单操作或仅用于上网娱乐等，即使获取到有用信息也限于应用能力无法转化为实际生产力、提高信息经济效用，以至于无法完全消除其所处的贫困状况，实现收入的持续增长。但村庄道路基础设施的异质性分析结果显示，信息化对偏远地区农户的收入增长促进作用更强，说明信息化能够部分弥补道路交通条件不足对农户收入增长造成的抑制影响。

第**8**章 Chapter 8

# 信息技术使用对农村居民身体健康和生产劳动的影响

## ——以短视频为例*

### 8.1 研究背景

作为信息时代的产物，短视频为人们带来很多机遇和好处的同时也引发了成瘾危害，引起了大众媒体的广泛关注。短视频是一种新型社交媒体平台，能够基于大数据技术与算法对用户进行投其所好地精准推送，但不间断的信息流常常令使用者感觉不到时间的流逝，极易产生沉浸式的上瘾体验，外加短视频平台为抢夺用户、博取流量发布了很多吸人眼球的内容，加剧了使用者的沉迷。据数据统计，2022 年我国短视频用户规模已超 9 亿，用户使用率为 90.5%，所有网民集体在网时间有 1/4 以上集中在短视频平台，且用户的日均使用时长已经达到 125 分钟①。短视频已经成为

---

　＊　本章主要内容公开发表于《西北农林科技大学学报（社会科学版）》2023 年第 3 期。
　①　资料来源于国家版权局发布的《中国网络版权产业发展报告（2020）》、《中国网络版权产业发展报告（2022）》以及《2021 中国网络视听发展研究报告》。

了人们"杀时间"的利器（张孝远，2021）。由短视频引发的不良影响屡见于社会媒体报道，如人民论坛网评论"抖音5分钟，人间1小时"①，《财经天下》周刊曾痛批短视频"用2毛钱困住两亿人""欺负穷人时间不值钱"②，新华社、人民日报、北京日报、腾讯网、央视网等多家新闻媒体均对短视频的成瘾危害提出了警示，倡导要避免短视频成为"精神鸦片"毒害社会。同时，针对短视频等大数据算法推荐机制，中央宣传部、国家广播电视总局等五部门联合印发了《关于加强新时代文艺评论工作的指导意见》，要求"加强网络算法研究和引导，开展网络算法推荐综合治理"。

我国农村地区的短视频沉迷现象尤其令人担忧。短视频平台为了扩张用户，已经出现了向三、四线城市及广大农村地区的大幅下沉趋势，且由于农村地区娱乐项目和日常活动匮乏，短视频等手机应用成为了农村居民最主要的娱乐和消遣。尤其各大平台进一步开发了能够令用户赚取金币换钱的短视频极速版，更是极大地吸引了时间机会成本较低的农村居民，每天几毛钱的金币收益均能够牢牢套住农村居民的时间和精力。截至2020年12月，我国农村网民规模已达3.09亿。③ 其中，农村短视频用户规模约为2.7亿（刘天元和王志章，2021）。但由于农村居民数字素养和信息识别能力较低（苏岚岚和彭艳玲，2022），常常会沉迷于某些负面短视频内容且信以为真，甚至有媒体报道"农民为了当网红赚钱沉迷于制作短视频而不去打工"。④

那么，短视频是否真如媒体报道那样具有较大危害呢？其对农村居民的危害是什么？同时，作为一项数字化技术，短视频又是否能够为农村居民带来一些有利的影响呢？对这些问题的回答具有多个方面的现实意义。

---

① 孟威. 抖音5分钟，人间1小时：为什么你看短视频会上瘾？[EB/OL]. 人民论坛网百家号. 2019 – 11 – 24. https：//baijiahao. baidu. com/s? id = 1651043855557554657&wfr = spider&for = pc。

② 薛永玮，孟迪. 短视频极速版：用两毛钱困住两亿人，欺负穷人时间不值钱 [EB/OL]. 火星商业网易号. 2021 – 07 – 17. https：//www. 163. com/dy/article/GF4VGRRN0519D3BI. html。

③ 资料来源于《第47次中国互联网络发展状况统计报告》。

④ 不去打工玩手机，农民也想当网红，现在拍短视频真的那么赚钱吗？[EB/OL]. 世界奇谭百家号，2019 – 11 – 05. https：//baijiahao. baidu. com/s? id = 1649356904461217404&wfr = spider&for = pc。

从微观个体层面来说，有利于农村居民的身心健康、就业增收及其人力资本的长期发展；从中观层面来说，由于农村居民是激发农村地区内在活力的关键力量，规避短视频的负面影响有利于乡村文明建设和促进乡村振兴的全面推进；从宏观层面来说，由于数字化技术是一把"双刃剑"，在现代信息社会科学认识短视频等数字化技术带来的有利影响和潜在危害，有利于"数字中国"建设。

然而，短视频的影响在学术界受到的关注十分有限，几乎为空白。目前，针对新型社交媒体平台的影响大多集中在国外研究上，但主要以脸书（Facebook）、推特（Twitter）等国外平台为主，研究发现，社交媒体成瘾行为对使用者注意力、情绪、人际关系、睡眠质量、健康、学业和工作表现等方面均产生了一定程度的负面影响（Braghieri et al.，2022；Fox and Morel，2015；Moqbel and Kock，2017；Atroszko et al.，2018）；而我国学者关于短视频等新型社交媒体的研究更多停留在对短视频行业发展、营销模式等定性层面的讨论上（张羽，2018；余力和吴奇，2020），虽然已有少数文献开始关注短视频过度使用带来的负面影响，但仅停留在对短视频成瘾机制的分析上（Zhang et al.，2019；Wang et al.，2020），或仅停留在案例研究上，如有文献在针对短视频对农村文化生活影响的田野调查中发现，短视频给农民带来了屏幕成瘾、孤独感强化、家庭冲突频发等负面影响（刘天元和王志章，2021）。但上述研究尚缺乏科学的数据统计和实证检验。虽然大众媒体对短视频沉迷现象进行了许多报道和分析，但大多仅基于某些地区或个别案例，甚至常常可能是为博人眼球对特殊和极端现象进行揭示，这远不足以让我们据此科学可靠地得出短视频一定会造成负面影响的结论，亟须在这一问题上进行大范围的调查统计和严谨的实证检验，这样才能更加科学和准确地认识问题、解决问题，以及更加精准地瞄准目标群体采取有效措施。

基于此，为探究短视频为农村居民带来了有利影响还是潜在危害，本章基于2020年全国五个省份的一手调研数据，厘清现阶段我国农村地区的短视频使用现状，基于理性成瘾理论，主要从时间分配和身体健康两个角度实证分析短视频对农村居民的影响及其异质性，为我国现阶段短视频的影响提供一个科学的统计分析和实证证据，也为政府正确引导农村居民的短视频使用行为、进一步建设和落实数字乡村建设等相关政策制定提供借鉴和科学依据。

本章的贡献主要体现在以下三个方面：第一，本章针对大众媒体和社会各界广泛关注的热点问题，率先基于一手调研数据对短视频的影响进行了实证检验，不仅有利于对问题现状有一个更加清晰的认知，更有利于为科学治理短视频的危害提供有益参考，同时也能够为未来更加深入的研究做铺垫；第二，现有关于农村信息化、数字化的影响研究大多仅聚焦在手机、互联网等给农村居民带来的增产和增收效果（Aker and Ksoll，2016；李欠男和李谷成，2020），以及促进农业农村发展等方面的积极作用（唐文浩，2022），而较少关注这些技术的潜在危害；第三，与本章相关的网络成瘾等问题的研究多聚焦于儿童、青少年群体（Griffiths et al.，2014；李文涛等，2019；连帅磊等，2021；黄凤等，2021），极少关注农村居民，但由于农村居民的时间机会成本和信息识别能力较低，导致其网络防范意识较弱，外加农村地区休闲娱乐活动匮乏，亟须给予这一群体更多关注，否则可能导致短视频等数字化技术危及乡村文明建设甚至社会稳定。此外，本章也有助于理解与短视频相类似的成瘾性移动应用软件的影响，并能够为相关的手机、网络等成瘾危害防治提供启示。

## 8.2 理论分析

本章基于贝克尔和墨菲（Becker and Murphy，1988）的理性成瘾理论以及格鲁伯和科泽吉（Gruber and Koszegi，2001）对该理论的改进，将短视频的使用（包括沉迷）看作是一种理性行为，来分析其对于农村居民时间分配和身体健康的影响。

人们通常认为，如烟、酒、咖啡等具有成瘾特性商品的消费行为违反了经济学中关于理性人的这一基本假设，然而贝克尔和墨菲（Becker and Murphy，1988）将成瘾品的消费行为纳入到了"理性经济人"的分析框架下，提出了著名的理性成瘾理论；该理论认为，"成瘾性行为，即使其程度很深，从包括稳定偏好、有预见性地最大化行为的意义上讲，通常也都是理性的行为"，即消费者虽然深知成瘾性消费行为的代价，但却依然选择这样的消费行为，因为他们由此得到的效用和满足感大于由上瘾所带来的成本（包括当下的价格以及未来成瘾所可能付出的代价）。在 BM 理论框架里，[①] 消费者在稳定的时间偏好下最大化其一生的效用，将成瘾品的消费资本存量（stock）纳入效用函数中，对成瘾品的最优消费水平和资本存量的动态路径进行了讨论。他们发现，成瘾品的消费具有相邻互补性特征，即现期消费会受到过去一期和未来一期消费的正向影响。

理性成瘾理论在烟、酒、咖啡因、赌博等成瘾品的消费或行为中得到了大量证实（Mobilia，1993；Becker et al.，1994；Olekalns and Bardsley，1996；Grossman and Chaloupka，1998；Baltagi and Griffin，2002），但是，其假定也受到了很多争议，其中很重要的一点是，BM 模型中固定时间偏好的理性假设与现实差距较大，其所使用的固定常数贴现率（即指数贴现率）无法反映成瘾品的过度消费行为。[②] 因此，为了放松"理性人"这一假设，格鲁伯和科泽吉（Gruber and Koszegi，2001）在 BM 模型基础上，通过引入双曲贴现率纳入了时间不一致的消费者偏好，对该模型进行了改进。他们认为，消费者由于存在自我控制认知偏差会形成短期和长期不一致的贴现率结构（倾向于对较近的时期采用更低的贴现率，而对较远时期采用更高的贴现率），即成瘾者更注重及时的享乐，缺乏

---

① BM 为对贝克尔和墨菲（Becker and Murphy，1988）理论模型的简称，后文同。

② 指数贴现模型从经济人的纯粹理性出发，认为消费者具有严格一致的时间偏好，即时间贴现率为常数，消费者对未来的决策在不同时间点是一致的，并不考虑时间变化对他消费决策的影响。

长远考虑。这一贴现率的引入拉近了理性选择假设条件与现实生活的距离。

由于短视频也具有令人沉迷的成瘾性特征,本章在上述引入双曲贴现率的有限理性框架下对其影响进行分析,构建如下效用最大化模型:

$$\max \beta \sum_{t=1}^{\infty} \delta^{t-1} u(x_t, c_t, s_t, h_t)$$

$$\text{s. t. } T \geq l_t + a_t + e_t + m_t, \ w_t l_t \geq p_t c_t + q_t x_t, \ h_t = f(e_t, m_t) \quad (8-1)$$

在该模型中,农村居民被假定为理性经济人,以追求个人效用最大化为目标。其效用主要来自正常商品消费($x_t$)、短视频消费($c_t$)、短视频消费资本存量($s_t$)和个人健康水平($h_t$),个体行为决策需要满足个人预算约束、时间约束和健康资本生产决策。

其中,$p_t$ 为短视频使用价格(如网络数据流量费),$q_t$ 为普通消费品价格,$w_t$ 代表农村居民参与就业市场的工资率,$l_t$、$a_t$、$e_t$、$m_t$、$T$ 分别代表农村居民的劳动时间、短视频使用时间、睡眠时间、运动时间和个人时间禀赋(24 小时/天);根据分析需要,本章假定个人的健康资本($h_t$)只受到睡眠时间($e_t$)和运动时间($m_t$)的影响,表现为 $\frac{\partial h_t}{\partial e_t} > 0$,$\frac{\partial h_t}{\partial m_t} > 0$;长期贴现因子 $\delta$ 为 BM 理性成瘾模型中的指数贴现率,短期贴现因子 $\beta$ 代表了农村居民有限理性的程度,$\beta < 1$ 代表农村居民是有限理性的,$\beta = 1$ 则代表农村居民是完全理性的。过度沉迷短视频则可视为是有限理性的,而能够通过现实约束进行自我控制的农村居民则可视为完全理性的。

考虑到本章关注的短视频使用行为同时具备娱乐和信息获取的双重功能,有必要在模型(8-1)中进一步刻画其信息获取功能,这可以通过引入 $l_t(a_t)$ 或 $w_t(a_t)$ 实现,其中 $l_t(a_t)$ 表示花在短视频上的时间会通过放松农村居民的信息约束改变个人在就业市场上的劳动机会,进而影响劳动时间,$w_t(a_t)$ 表示农村居民能够通过短视频学习到非农就业等相关技能而影响其工资率。本章假定短视频只通过为农村居民提供更多的就业信息影响

其劳动时间 $l_t(e)$①，进而增加收入、提高效用水平，并存在 $\frac{\partial l_t}{\partial a_t} > 0$，那么模型（8-1）中的预算约束可以改写成 $w_t l_t(a_t) \geqslant p_t c_t + q_t x_t$，时间约束可以改写成 $T \geqslant l_t(a_t) + a_t + e_t + m_t$。

通过求解该模型，可以得到 $y_1^* = f(\beta\delta, p_t, q_t, w_t, s_t)$，其中，$y_1^*$ 代表最优决策中的普通商品消费（$x^*$）、短视频使用时间（$a_t^*$），劳动时间（$l_t^*$）和个人健康水平（$h_t^*$）。以 $a_t^* = f(\beta\delta, p_t, q_t, w_t, s_t)$ 为例，这代表个体最优短视频使用时间受到个人理性程度（$\beta\delta$）、普通商品的价格（$q_t$）、短视频的使用价格（$p_t$）、就业市场工资率（$w_t$）和短视频消费资本存量（$s_t$）的影响。

结合 $\frac{\partial U}{\partial a_t} > 0$ 和 $\frac{\partial a_t}{\partial s_t} > 0$ 可知，受理性成瘾中相邻互补性特征影响，农村居民从短视频中获得的效用会随着时间推移不断增强。假定使用短视频在单位时间内获得的效用不变，这就意味着追求效用最大化的个体有动机不断增加花在短视频上的时间。但是，受时间禀赋约束，这必然会挤占农村居民的劳动时间（$l_t$）、睡眠时间（$e$）、运动时间（$m_t$）或者同时挤占，带来替代效应。当短视频挤占劳动时间时，如果工资率（$w_t$）不变，就会导致收入下降，进而通过抑制普通商品消费（$x_t$）降低农村居民的效用水平；当短视频挤占睡眠或运动时间时，则会通过危害健康而降低农村居民的效用水平。

从理论模型分析可以看出，短视频会通过正反两方面的作用机制影响农村居民的时间分配，并形成对应的结果（如身体健康等）。其中，正向的作用机制主要为，短视频作为一种重要的信息获取途径可以促进非农劳动转移，增加农村居民在就业市场上的劳动时间，从而通过收入效应提高其整体效用水平。负向的作用机制可能有两方面：一是通过挤占睡眠时间、运动时间，降低农村居民的身体健康等效用水平，二是在上瘾机制下

---

① 从数理上，并不需要同时引入 $l(e)$ 和 $w(e)$。

不断增加的短视频时间可能进一步挤占农村居民的生产劳动时间，从而通过影响收入降低其整体效用水平。因此，短视频对农村居民时间分配和身体健康的影响则成为了一个实证问题。

短视频对农村居民影响的净效应将取决于其沉迷或上瘾程度。当沉迷程度较轻时，使用短视频可能会首先挤占其睡眠、运动等闲暇时间，若当原有的睡眠时间高于维持个体健康所需要的时间时，短视频的替代效应可能并不会因此对健康造成显著的负面影响，且在这种状况下，放松信息约束为农村居民带来非农劳动时间增加的正面效应将能够得以凸显。但随着沉迷程度的增加，短视频过度使用的负面影响逐渐增强，不仅挤占运动、睡眠等闲暇时间，很可能进一步挤占其生产劳动时间，抵消甚至超过由放松信息约束带来的非农就业促进效应，对农村居民的生产和生活产生双重危害。也即，只要成瘾机制存在，短视频不断挤占农村居民睡眠、运动或劳动时间的过程就会持续，直到由此带来的收入下降和健康威胁高于由刷短视频给农村居民带来的正面效应时，理性的个体才会停止增加短视频时间，达成新的均衡，但在这个新的均衡点上，无论对于有限理性还是完全理性的农村居民来说，其个体的健康效用水平可能都较非使用者的均衡水平更差。

基于此，本章将先从均值水平上检验短视频对农村居民时间分配和身体健康的影响，进而针对农村居民的不同沉迷程度检验短视频的异质性影响。

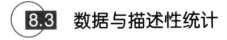

## 8.3 数据与描述性统计

### 8.3.1 数据来源

本章数据来源于研究团队 2020 年 11 月在河北、湖北、广西、陕西、江苏五个省份开展的入户调查。基于科学性、可获得性等原则，该项调研在上述五个省份采用分层随机抽样的方式收集数据，每个省份随机抽取 2

个县（市、区），每个县随机抽取 2 个乡（镇），每个乡（镇）随机抽取 3
个村，每个村根据花名册随机抽取 20～25 个农户开展入户调研，采用
"一对一、面对面"的问卷访谈，最终收集农户问卷 1280 份、村级问卷 60
份，经过数据清理后，保留有效农户问卷 1274 份。调查问卷主要包含了农
村居民详细的智能手机使用情况、短视频软件应用情况、日常时间分配、
健康状况、劳动就业状况、家庭信息网络设备使用情况以及所在村庄的基
础设施情况等。

　　针对智能手机及短视频软件使用情况的调查方式，我们是在获取被访
者同意的情况下，由被访者本人或调查员协助从其手机设备上获取手机和
短视频软件应用情况的自动统计信息，主要包括手机及短视频应用软件的
系统使用时长、耗电百分比和应用情况等，这些信息可以更加真实地反映
农村居民的短视频使用情况和用途。

## 8.3.2　关键概念和变量定义

　　本章的研究对象是指长期居住在农村地区的成人居民。

　　本章的核心解释变量为农村居民的短视频使用行为，为同时衡量短视
频使用及使用程度的影响，主要采用两种方法进行测度。第一种是农村居
民是否使用短视频，使用设置为 1，否则为 0；第二种是农村居民平均每天
使用短视频的时长，本章使用农村居民手机系统中自动统计的时长进行测
算[1]。由于抖音、快手是目前最普及的两个短视频应用软件，本章主要关
注这两个短视频软件（包含极速版）的加总使用情况。[2]

---

　　① 在实际调查中，我们遇到两种手机系统的自动统计形式：第一种是手机系统中直接记录
用户三天或七天内的短视频软件用时总长，那么则直接用总时长除以相对应的天数即可；第二种
是手机系统中仅能统计用户前一天每个软件的耗电百分比情况，我们在调查中则会针对这种情况
让被访者回忆前一天手机的使用时长，则用该时长乘以短视频软件耗电情况占比，从而得出被访
者短视频的每天使用时长；此外，如果被访者手机中没有任何系统记录，则我们在调查中直接询
问"最近一周，您平均每天使用某款短视频软件几个小时"来进行回忆统计。

　　② 即若被访者使用抖音、快手任何一个短视频软件，"是否使用短视频"变量则设置为 1，
"每天使用短视频软件的时长"也是抖音、快手两个软件使用时长的加总。

本章重点关注的被解释变量分为两部分，一部分是农村居民的时间分配情况，另一部分则是农村居民的身体健康状况。（1）在时间分配变量上，本章主要选取农村居民平均每天的农业劳动时长、非农劳动时长、睡眠时长、体育锻炼时长作为被解释变量。① （2）在健康变量上，本章针对短视频对农村居民睡眠时长和体育锻炼时长的可能影响选取了三个相关健康指标。第一个变量是"是否经常失眠多梦"，用以衡量农村居民的睡眠质量；第二个变量和第三个变量是根据农村居民身高、体重测算的身体质量指数（BMI）"是否超重"和"是否肥胖"。②

## 8.3.3 描述性统计分析

本章对农村居民智能手机和短视频的应用情况进行了详细的调查记录。统计发现，样本中使用智能手机上网的农村居民共 603 个，占比 47%，③ 使用抖音或快手短视频的农村居民共 416 个，占比 32.65%，农村居民常用的手机应用软件个数平均为 4.45 个。在使用智能手机上网的样本中，有 69% 的农村居民使用抖音或快手短视频软件，64% 的农村居民认为手机丰富了娱乐生活。使用短视频的农村居民平均每天使用时长为 1.25 个小时，占每天使用智能手机总时长（2.15 个小时）的 58.14%。短视频成为了农村居民手机应用的主要用途，且整体上受到了农村居民的好评。④

表 8 - 1 汇报了本章主要的变量设置和样本统计特征，以及使用短视频和不使用短视频农村居民的样本特征比较。从基本特征上来看，样本中性

---

① 时间分配情况均为调查时被访者对过去一周的平均用时回忆，其中，非农劳动指的是打零工、上班工作、外出务工、做小生意等能获得收益的非农劳动。

② 计算公式为：$BMI = 体重(kg)/身高^2(m^2)$。本章将 $BMI > 24$ 设置为超重，$BMI > 28$ 设置为肥胖。

③ 样本中拥有智能手机的农村居民共 829 个，占比 65%。由于有部分农村居民仅使用手机的电话功能，所以文中使用智能手机上网的人数相对较少。

④ 我们在调查中让被访者分别对抖音和快手两个短视频软件的使用感受进行评分（分值从 -5 到 +5 分别表示感受从差到好的程度），抖音平均评分为 2.73 分，快手评分为 3.35 分，且有 49% 的人认为他们曾经从短视频软件中学习到过一项好的技能或经验。

别分布较为均匀，平均年龄为 58 岁，[①] 平均受教育程度为小学毕业，有 69% 的农村居民在农忙时从事农业劳动，家庭总收入平均为 47459.94 元。与不使用短视频的农村居民相比，使用短视频的农村居民女性占比较高、年龄较小、受教育水平较高、农忙时务农比例较低、家庭收入水平较高。可以看出，短视频使用与否并不是一种随机选择，需要在实证模型中进行内生性问题的处理。

表 8-1                    变量设置和样本统计特征

| 类别 | 变量 | 变量设置/单位 | 整体均值 | 使用短视频 | 不使用短视频 |
|---|---|---|---|---|---|
| 个人和家庭基本特征 | 性别 | 男=1；女=0 | 0.55<br>(0.50) | 0.48<br>(0.50) | 0.59<br>(0.49) |
| | 年龄 | | 58<br>(11.76) | 51.66<br>(11.26) | 61.46<br>(10.61) |
| | 受教育年限 | 年 | 6.30<br>(3.55) | 7.02<br>(3.37) | 5.94<br>(3.58) |
| | 农忙是否务农 | 是=1；否=0 | 0.69<br>(0.46) | 0.67<br>(0.47) | 0.71<br>(0.46) |
| | 家庭成员个数 | 个 | 3.58<br>(1.86) | 3.70<br>(1.72) | 3.53<br>(1.92) |
| | 家庭总收入 | 元 | 47459.94<br>(53697.03) | 55999<br>(56420.49) | 43315.25<br>(51852.96) |
| 智能手机使用情况 | 是否使用短视频 | 是=1；否=0 | 0.33<br>(0.46) | | |
| | 每天短视频使用时长[a] | 小时 | 0.86<br>(1.21) | | |
| | 每天用手机上网时长[a] | 小时 | 1.98<br>(1.56) | 2.15<br>(1.66) | 1.62<br>(1.25) |

---

① 本章的样本平均年龄存在偏大 2~3 岁的可能性，这是因为受限于实地调研条件，我们在调查期间很难找到在外打工和上学的年轻群体，但是我们的统计结果更为真实地体现了现阶段我国居住在农村地区居民的个体特征情况。同时，我们将本章的样本年龄与 2019 年中国家庭金融调查（CHFS）数据中的农村居民进行了比较，统计发现，在排除在外生活或工作过半年以上和在外读大学及以上学历的群体后，真正长期生活在农村地区居民的平均年龄为 56 岁，与本章样本的平均年龄较为相近。

续表

| 类别 | 变量 | 变量设置/单位 | 整体均值 | 使用短视频 | 不使用短视频 |
|---|---|---|---|---|---|
| 智能手机使用情况 | 除短视频外手机使用时长[a] | 小时 | 1.28 (1.36) | 1.13 (1.38) | 1.62 (1.25) |
| | 上床之后是否玩手机[a] | 是=1；否=0 | 0.59 (0.49) | 0.63 (0.48) | 0.49 (0.50) |
| | 上床之后玩手机时长[a] | 分钟 | 47.15 (39.81) | 49.79 (42.52) | 39.68 (29.80) |
| | 因为玩手机而晚睡的比例[a] | % | 26.70 (44.28) | 29.81 (45.80) | 19.79 (39.95) |
| | 因为玩手机而耽误工作的比例[a] | % | 7.63 (0.27) | 7.93 (27.06) | 6.95 (0.26) |
| | 搜寻所需信息的比例[a] | % | 43.62 (49.63) | 45.67 (49.87) | 39.04 (48.91) |
| | 用手机进行工作的比例[a] | % | 34.00 (47.41) | 35.10 (47.78) | 31.55 (46.60) |
| 时间分配情况 | 平均每天农业劳动时长 | 小时 | 1.89 (2.94) | 1.54 (2.79) | 2.06 (3.00) |
| | 平均每天非农劳动时长 | 小时 | 1.67 (3.51) | 2.32 (3.99) | 1.36 (3.21) |
| | 平均每天体育锻炼时长 | 小时 | 0.68 (0.99) | 0.66 (0.94) | 0.70 (1.01) |
| | 平均每天睡眠时长 | 小时 | 9.20 (1.49) | 8.77 (1.38) | 9.41 (1.50) |
| 健康状况 | 身体质量指数（BMI） | kg/m$^2$ | 23.72 (4.59) | 24.37 (4.39) | 23.41 (4.65) |
| | 是否超重 | 是=1；否=0 | 0.42 (0.49) | 0.51 (0.50) | 0.37 (0.48) |
| | 是否肥胖 | 是=1；否=0 | 0.10 (0.30) | 0.14 (0.34) | 0.09 (0.28) |
| | 是否经常失眠多梦 | 是=1；否=0 | 0.38 (0.49) | 0.36 (0.48) | 0.39 (0.49) |

续表

| 类别 | 变量 | 变量设置/单位 | 整体均值 | 使用短视频 | 不使用短视频 |
|------|------|-------------|---------|-----------|-------------|
| 其他控制变量 | 平均每天饮酒量范围 | 6 个范围[b] | 1.43<br>(0.855) | | |
| | 平均每天肉类消费量范围 | 6 个范围[c] | 2.86<br>(1.54) | | |
| | 家庭医疗保险支出 | 元 | 1145.62<br>(2321.41) | | |
| | 村庄周围用工企业数量 | 个 | 56.91<br>(316.02) | | |
| | 村庄雇工工资 | 元/天 | 125.17<br>(40.53) | | |
| | 村庄距离公路干线距离 | 里 | 29.79<br>(53.57) | | |
| | 村庄距离县城距离 | 里 | 50.62<br>(42.17) | | |
| | 村庄人均收入 | 元 | 12819.69<br>(7768.671) | | |
| | 村庄健身设施个数[d] | 个 | 3.56<br>(1.68) | | |
| | 村庄是否有人跳广场舞 | 是 = 1；否 = 0 | 0.86<br>(0.35) | | |
| | 村庄组织集体活动次数 | 次 | 4.65<br>(6.21) | | |
| 工具变量 | 村庄互联网覆盖率 | 0 ~ 1 | 0.58<br>(0.29) | | |
| | 是否有人向你推荐过短视频软件 | 是 = 1；否 = 0 | 0.17<br>(0.38) | | |

注：(1) 有关表中 a、b、c、d 的解释：a. 此处统计的是使用智能手机的 603 个样本特征，表中其余统计均为 1274 个全样本特征；b. 0、0.1 ~ 2.5 两、2.6 ~ 5 两、5.1 ~ 7.5 两、7.6 ~ 10 两、大于 10 两；c. 0、0.1 ~ 0.5 两、0.6 ~ 1 两、1.1 ~ 1.5 两、1.6 ~ 2 两、大于 2 两；d. 村庄健身设施个数为村庄有广场、健身器械、篮球场、足球场、排球（或羽毛球）场、乒乓球台、跑道的总数量，范围为 0 至 7 个。(2) 括号中数字为标准差。

从智能手机的使用情况来看，使用短视频的农村居民每天使用手机的时长、上床之后玩手机的概率以及睡前玩手机的时长均高于不使用短视频的农村居民，因玩手机晚睡和耽误工作的比例也明显高于不使用短视频的农村居民；同时，本章也发现，与不使用短视频的农村居民相比，使用短视频的农村居民用手机搜寻所需要的信息以及用手机进行工作交流的比例也较高。这说明短视频的使用会增加智能手机的使用程度，且可能同时具有益处和害处。

从农村居民时间分配和身体健康状况上来看，使用短视频比不使用短视频的农村居民每天的农业劳动时长、体育锻炼时长和睡眠时长均较短，而非农劳动时长较长。并且，使用短视频比不使用短视频的农村居民的身体质量指数（BMI）、超重和肥胖比例均较高，而经常失眠多梦的比例略低一些。

为了更直观地观察短视频使用行为与农村居民时间分配和身体健康之间的关系，本章分别绘制了在不同短视频使用时长范围内的农村居民时间分配和健康状况分布图。从图8－1可以看出，整体上，使用短视频时间越长的农村居民睡眠时长和农业劳动时长越短，而使用短视频时长与非农劳动时长呈现正向相关，但与体育锻炼时长没有表现出明显相关趋势；从图8－2可以看出，与不使用短视频的农村居民相比，使用短视频2小时

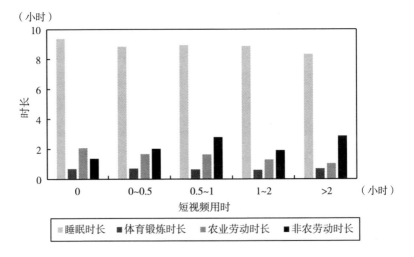

图8－1　短视频使用时长与农村居民时间分配

内的农村居民经常失眠多梦的比例较低，而使用超过 2 小时的农村居民经常失眠多梦的比例较高（42%）。使用短视频农村居民患超重、肥胖的比例较高，且使用时长在 1~2 小时范围内的农村居民超重比例和肥胖比例最高，分别为 57% 和 16%。

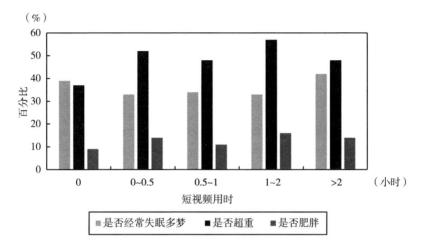

图 8 - 2　短视频使用时长与农村居民身体健康

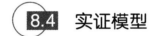 实证模型

### 8.4.1　短视频对农村居民时间分配的影响

在针对短视频对农村居民农业劳动时长、非农劳动时长以及体育锻炼时长的影响中，本章选取 Tobit 模型进行分析。这是因为，三个因变量均由于样本中部分农村居民没有工作或没有体育锻炼的习惯而使其劳动时长和体育锻炼时长存在许多零值，为归并数据（censored data），针对这一问题，学界多使用受限因变量 Tobit 模型进行分析。因此，本章设定的基准 Tobit 模型如下：

$$Y_i^* = \alpha_1 + \beta_1 DK_i + \gamma_1 X_{1i} + \delta_1 X_{1v} + \varepsilon_i \qquad (8-2)$$

$$Y_i = \begin{cases} Y_i^* & \text{if} \quad Y_i^* = \alpha_1 + \beta_1 DK_i + \gamma_1 X_{1i} + \delta_1 X_{1v} + \varepsilon_i > 0 \\ 0 & \text{if} \quad Y_i^* = \alpha_1 + \beta_1 DK_i + \gamma_1 X_{1i} + \delta_1 X_{1v} + \varepsilon_i \leqslant 0 \end{cases} \quad (8-3)$$

其中，$Y_i^*$ 为农村居民平均每天的农业劳动时长、非农劳动时长或体育锻炼时长 $Y_i$ 的潜变量；$DK_i$ 表示农村居民短视频使用行为，采用两种方法进行测算，是否使用短视频和每天使用短视频的时长；$X_{1i}$ 和 $X_{1v}$ 分别表示其他影响结果变量的个人及其家庭特征和所处村庄特征变量，包含被访者性别、年龄、受教育年限、是否从事农业生产、家庭成员个数、家庭总收入、村庄周围用工企业数量、村庄距最近的高速公路距离以及村庄健身设施个数；$\varepsilon_i$ 为随机误差项。

同时，在针对短视频对农村居民睡眠时长的影响中，由于因变量睡眠时长为连续型变量，本章采用最小二乘法（OLS）进行实证分析，模型中的自变量设置同上。

## 8.4.2 短视频对农村居民身体健康的影响

由于健康指标均为二元离散变量，本章建立如下基准 Probit 模型对短视频对农村居民身体健康的影响进行估计：

$$Y_i^* = \alpha_2 + \beta_2 DK_i + \gamma_2 X_{2i} + \delta_2 X_{2v} + \varepsilon_i' \quad (8-4)$$

$$Y_i = \begin{cases} 1 & \text{if} \quad Y_i^* = \alpha_2 + \beta_2 DK_i + \gamma_2 X_{2i} + \delta_2 X_{2v} + \varepsilon_i' > 0 \\ 0 & \text{if} \quad Y_i^* = \alpha_2 + \beta_2 DK_i + \gamma_2 X_{2i} + \delta_2 X_{2v} + \varepsilon_i' \leqslant 0 \end{cases} \quad (8-5)$$

其中，$Y_i^*$ 代表农村居民身体健康状况 $Y_i$ 的潜变量（latent variable），包括睡眠质量（是否经常失眠多梦）、BMI 是否超重、是否肥胖；$DK_i$ 表示农村居民短视频使用行为，同样采用两种方法进行测算，即是否使用短视频和每天使用短视频的时长；$X_{2i}$ 和 $X_{2v}$ 分别表示其他影响结果变量的个人及其家庭特征和所处村庄特征变量，包含被访者性别、年龄、受教育年限、是否从事农业生产、平均每天饮酒量、平均每天肉类消费量、平均每天体育锻炼时长、家庭成员个数、家庭总收入、家庭医疗保险支出、村庄距县城距离、村庄人均收入、村庄健身设施个数；$\varepsilon_i'$ 为随机误差项。

需要说明的是，为了更加准确地识别出短视频影响的净效应，本章需要在上述两部分关于短视频影响的模型中排除智能手机的干扰。这是因为，短视频的使用是以智能手机为终端设备，而手机除了短视频还有其他应用软件和功能，这可能使得模型估计出来的结果混杂着智能手机的影响。为解决此问题，本章采用以下两种处理方式：第一种是在模型中控制了农村居民每天除短视频应用以外的智能手机使用时长，以排除智能手机其他应用的干扰；第二种是在主要解释变量为"每天短视频使用时长"的模型中，选取使用智能手机的样本子集进行实证分析，以比较在使用智能手机的农村居民中不同短视频使用程度的影响。

## 8.4.3 短视频使用行为的内生性问题

在分析短视频对农村居民的影响时，本章最大的实证难点是解决因遗漏变量和互为因果导致的内生性问题。首先，是否使用短视频是农村居民的一种自选择行为，这种行为可能受到其性格、偏好、能力、意识等不容易被观察到的特征影响，同时，这些因素也可能影响本章关注的被解释变量；其次，短视频使用与其他日常活动时间存在反向因果关系，例如，如果农村居民有充实的工作或其他能够获得更高效用的事情可做，那么则有相对较小的概率和较少的时间投入到短视频中。本章力图采用工具变量法进行解决。

在工具变量的选取上，本章拟选择"村庄互联网覆盖率"和"是否有人向你推荐过短视频软件"作为工具变量。这是因为，针对第一个工具变量来说，村庄里使用网络的家庭越多，农村居民越容易受同伴效应的影响使用智能手机上网，从而使用短视频的概率越高；针对第二个工具变量来说，如果有其他人推荐一款手机软件，那么这款软件被使用的概率也会大大提高，均满足工具变量相关性的有效条件。并且，村庄网络覆盖率和其他人的推荐行为并不会对使用者的时间分配、身体健康等产生直接影响，这种影响仅能通过使用者对短视频的使用行为得到，满足工具变量外生性的有效条件。

因此，本章将在短视频对农村居民时间分配和身体健康影响的基准模型上，进一步结合工具变量法采用 IV-Tobit、两阶段最小二乘法（2SLS）和 IV-Probit 模型进行实证分析。

 **8.5　实证结果**

### 8.5.1　短视频对农村居民时间分配的影响

本章首先对工具变量的相关性和外生性进行了检验。以短视频对农业劳动时长影响的 IV-Tobit 模型为例，表 8 - 2 汇报了该模型第一阶段的回归结果，结果显示，"村庄互联网覆盖率"和"是否有人向你推荐过短视频软件"对短视频使用行为具有显著正向影响。表 8 - 3 中 2SLS 模型结果的一阶段 F 检验也显示，工具变量满足相关性条件，同时，2SLS 模型的过度识别检验结果显示，工具变量满足外生性条件（表 8 - 3 中第（5）、第（6）列）。

表 8 - 2　　　　　　　　　农业劳动时长工具变量相关性检验

| 变量 | 是否使用短视频 | 短视频使用时长 |
| --- | --- | --- |
| | （1） | （2） |
| 村庄互联网覆盖率 | 0.070 ** | 0.214 |
| | (0.035) | (0.176) |
| 是否有人向你推荐过短视频软件 | 0.715 *** | 0.742 *** |
| | (0.018) | (0.103) |
| 控制变量 | 是 | 是 |
| 省份固定效应 | 是 | 是 |
| 观测值 | 1269 | 595 |

注：（1）第（1）列和第（2）列分别为是否使用短视频和短视频使用时长对农业劳动时长影响的 IV-Tobit 模型第一阶段回归结果；（2）第（2）列为使用智能手机的样本；（3）括号内数字为标准误；（4）*、**、*** 分别表示 10%、5% 和 1% 显著性水平；（5）控制变量同表 8 - 3。

表 8 – 3 短视频对农村居民时间分配的影响

| 变量 | 农业劳动时长（IV-Tobit） | | 非农劳动时长（IV-Tobit） | | 睡眠时长（2SLS） | | 体育锻炼时长（IV-Tobit） | |
|---|---|---|---|---|---|---|---|---|
| | 全样本(1) | 子样本(2) | 全样本(3) | 子样本(4) | 全样本(5) | 子样本(6) | 全样本(7) | 子样本(8) |
| 是否使用短视频 | -0.979 (0.607) | | 4.091*** (1.445) | | -0.546*** (0.150) | | 0.102 (0.187) | |
| 短视频使用时长 | | -0.784 (0.694) | | 3.401** (1.705) | | -0.169 (0.152) | | -0.146 (0.198) |
| 除短视频外的手机使用时长 | -1.052*** (0.207) | -1.213*** (0.286) | -0.118 (0.389) | 0.224 (0.537) | -0.042 (0.048) | -0.022 (0.061) | 0.035 (0.052) | -0.026 (0.070) |
| 性别 | 0.781** (0.335) | -0.032 (0.525) | 4.730*** (0.941) | 5.229*** (1.194) | 0.276*** (0.088) | 0.166 (0.120) | -0.222* (0.117) | -0.406*** (0.154) |
| 年龄 | -0.041** (0.018) | -0.019 (0.029) | -0.177*** (0.047) | -0.052 (0.061) | 0.004 (0.005) | -0.007 (0.007) | 0.033*** (0.006) | 0.028*** (0.008) |
| 受教育年限 | -0.063 (0.052) | -0.082 (0.087) | 0.243* (0.138) | 0.513*** (0.193) | -0.035** (0.014) | -0.036** (0.018) | 0.054*** (0.017) | 0.048* (0.025) |
| 农忙是否务农 | 6.553*** (0.447) | 6.047*** (0.665) | -2.283** (0.918) | -2.076* (1.255) | -0.296*** (0.094) | -0.186 (0.136) | -0.382*** (0.118) | -0.281* (0.160) |
| 家庭人口数 | -0.191** (0.097) | -0.286* (0.169) | -0.015 (0.267) | 0.215 (0.358) | 0.005 (0.028) | 0.039 (0.046) | -0.034 (0.035) | -0.038 (0.047) |
| 家庭总收入 | 0.000*** (0.000) | 0.000** (0.000) | 0.000*** (0.000) | 0.000*** (0.000) | -0.000 (0.000) | -0.000 (0.000) | 0.000 (0.000) | -0.000 (0.000) |
| 村庄周围用工企业数量 | -0.000 (0.000) | 0.000 (0.001) | -0.002 (0.002) | -0.002 (0.002) | 0.000 (0.000) | 0.000 (0.000) | 0.000 (0.000) | 0.000* (0.000) |
| 村庄距离公路干线距离 | 0.002 (0.002) | 0.002 (0.004) | -0.035*** (0.012) | -0.035* (0.018) | 0.001* (0.001) | 0.001 (0.001) | -0.000 (0.001) | -0.001 (0.002) |
| 村庄健身设施个数 | 0.011 (0.090) | 0.063 (0.146) | -0.278 (0.252) | 0.089 (0.332) | -0.010 (0.024) | 0.072** (0.036) | 0.035 (0.031) | -0.001 (0.045) |
| 常数项 | -2.872* (1.494) | -2.691 (2.717) | -1.684 (3.913) | -15.932** (6.220) | 9.497*** (0.393) | 9.326*** (0.611) | -1.955*** (0.486) | -0.913 (0.731) |
| 省份固定效应 | 是 | 是 | 是 | 是 | 是 | 是 | 是 | 是 |
| 一阶段 F 检验 | | | | | 417.011 | 31.432 | | |
| 过度识别检验 | | | | | 0.956 | 0.997 | | |
| Wald 检验 | 0.706 | 0.616 | 0.012 | 0.059 | | | 0.253 | 0.198 |
| 观测值 | 1264 | 595 | 1263 | 594 | 1253 | 588 | 1263 | 594 |

注：（1）子样本为使用智能手机的样本；（2）括号中数字为标准误；（3）*、**、***分别表示10%、5%、1%的显著性水平；（4）过度识别检验为 Hansen J statistic，汇报结果为 P 值；（5）Wald 检验汇报结果为 P 值；（6）模型均使用了稳健性标准误。

表 8 - 3 汇报了短视频对农村居民时间分配的影响结果。实证结果表明，在控制了智能手机其他应用的使用时长后，短视频使用行为对农村居民的农业劳动时长未产生显著影响，反而促进了非农劳动时长的增加，使用短视频比不使用短视频农村居民的日均非农劳动时间多 4.091 小时，且短视频使用时间越长，这种促进作用越大。这说明，整体上，短视频挤占其他时间的替代效应尚未对农村居民的生产劳动产生负面影响，反而短视频通过为农村居民提供更多的就业信息增加了其非农劳动时间。同时发现，短视频使用显著减少了农村居民的睡眠时长，而使用时长对睡眠时长没有显著影响，与不使用短视频的人相比，使用短视频的农村居民每天的睡眠时长平均减少了 0.546 个小时（约 33 分钟），但由于农村居民平均每天睡眠较为充足（9.2 个小时），睡眠时间的减少对其身体健康的影响可能较为微弱，反而可能将减少的睡眠时间分配在非农劳动中。此外，短视频使用并未影响农村居民的体育锻炼时长，这可能由于农村居民专门进行体育锻炼的意识较低，更多的运动体现在外出活动、邻里串门、做家务等一些非正式的运动中。①

综上说明，从均值水平上来看，农村居民目前的短视频使用行为整体上并未挤占其正常的生产劳动时间，反而通过提供有益信息增加了农村居民的非农劳动机会、优化其时间分配，即短视频减少了农村居民"多余的"睡眠时间而增加了非农劳动时间。但同时，我们也需警惕短视频对农村居民睡眠时间的挤占，以防其在未来对身体健康造成损害。此外，这一结果并不能排除对于部分过度沉迷甚至上瘾的群体来说，短视频可能会挤占其生产劳动时间而带来严重的负面影响，我们将在异质性分析部分进行进一步检验。

## 8.5.2　短视频对农村居民身体健康的影响

表 8 - 4 汇报了短视频对农村居民睡眠质量（是否经常失眠多梦）、是

---

① 遗憾的是，我们在调查中未能统计到农村居民的非正式运动时间，但后面表 8 - 4 的实证结果将从侧面提供一些短视频挤占了农村居民非正式运动时间的证据。

否超重、是否肥胖的影响结果。结果显示，在控制住智能手机其他应用的使用时长后，是否使用短视频以及短视频使用时长均对农村居民超重具有显著正向影响，使用短视频也显著增加了农村居民肥胖的概率。具体表现为，使用短视频的农村居民超重和肥胖的概率比不使用短视频的农村居民分别高40.4%和42.2%，短视频日均使用时长每增加1小时，农村居民超重的概率增加23.3%，不利于农村居民的身体健康。但目前尚未发现短视频对农村居民睡眠质量的显著影响，这可能因为，大部分农村居民在使用短视频后的睡眠时间仍较为充足。

表8-4　　　　　短视频对农村居民身体健康的影响（IV-Probit）

| 变量 | 是否失眠多梦 | | 是否超重 | | 是否肥胖 | |
| --- | --- | --- | --- | --- | --- | --- |
| | 全样本<br>（1） | 子样本<br>（2） | 全样本<br>（3） | 子样本<br>（4） | 全样本<br>（5） | 子样本<br>（6） |
| 是否使用短视频 | 0.047<br>（0.143） | | 0.404***<br>（0.140） | | 0.422**<br>（0.175） | |
| 短视频使用时长 | | 0.083<br>（0.145） | | 0.233*<br>（0.140） | | 0.227<br>（0.171） |
| 除短视频外的手机<br>使用时长 | −0.045<br>（0.037） | −0.007<br>（0.051） | 0.018<br>（0.036） | 0.044<br>（0.049） | −0.046<br>（0.049） | −0.032<br>（0.066） |
| 控制变量 | 是 | 是 | 是 | 是 | 是 | 是 |
| 省份固定效应 | 是 | 是 | 是 | 是 | 是 | 是 |
| Wald 检验 | 0.405 | 0.466 | 0.417 | 0.150 | 0.252 | 0.131 |
| 观察值 | 1243 | 587 | 1244 | 587 | 1244 | 587 |

注：（1）子样本为使用智能手机的样本；（2）括号内数字为标准误；（3）*、**、***分别表示10%、5%、1%的显著性水平；（4）控制变量包含被访者性别、年龄、受教育年限、是否从事农业生产、平均每天饮酒量、平均每天肉类消费量、平均每天体育锻炼时长、家庭成员个数、家庭总收入、家庭医疗保险支出、村庄距县城距离、村庄人均收入、村庄健身设施个数；（5）Wald检验汇报的为P值；（6）模型均使用了稳健标准误。

这些健康指标能够从侧面反映出使用短视频的农村居民运动时间的减少。由于表8-3的实证结果并未发现短视频对农村居民体育锻炼时长的负面影响，因此，这很可能是由于短视频使用减少了不容易观察到的农村居民的非正式运动时间，如外出活动、邻里走访相聚等，从而对其身体健康造成了一定的负面影响，长此以往将不利于农村地区的人力资本积累。尤其在我国成年居民超重肥胖率已超过50%的情况下，亟须对短视频这一容易引起人们肥胖的因素给予高度重视并采取有效的防治措施。

上述两部分实证结果与本章理论分析相一致，即从均值水平上看，短视频对农村居民是一把"双刃剑"。一方面，短视频能够通过降低农村居民的信息搜寻成本拓展其信息边界，从而促进非农就业、增加非农劳动时间，带来了"数字红利"。另一方面，短视频也替代了农村居民其他的日常活动，导致人们的运动量减少，增加了肥胖、超重的风险，对身体健康造成了危害。因此，未来的数字乡村建设应在充分利用短视频等数字化技术优势的同时，警惕其对身体健康带来的潜在危害，以防止其从长期来看对农村地区的人力资本积累产生负面影响。

### 8.5.3 短视频的异质性影响

第一，不同沉迷程度的异质性影响。前两部分实证模型从均值水平上检验了短视频使用行为对农村居民的影响。但值得指出的是，由于样本中短视频用户平均的日均用时不足1小时（52分钟），上述结果未能反映农村居民沉迷于短视频的影响，甚至可能会掩盖短视频对部分重度使用者生产和生活的严重危害。

为了进一步探究短视频对沉迷人群的影响，本章根据短视频的日均使用时长进行样本分组，分别分成正常使用（0.5小时内）、轻度沉迷（0.5~1小时）、中度沉迷（1~2小时）和重度沉迷（2小时以上）四组，以检验在不同沉迷程度下短视频使用行为对农村居民时间分配和身体健康的影响差异。其中，在使用智能手机上网的样本中，正常使用短视频的样本比例为57%，轻度、中度和重度沉迷者分别占比19%、12%和12%。

表8-5汇报了在不同沉迷程度下，短视频使用时长对农村居民时间分配的异质性影响。结果发现，短视频使用仅对正常使用者的非农劳动时长具有显著正向影响，而对重度沉迷者的农业劳动时长和非农劳动时长具有

显著负面影响，目前并未发现沉迷于短视频会挤占农村居民的睡眠时长和体育锻炼时长。这说明，短视频日均用时在半小时以内有利于农村居民获取有益信息从而促进非农劳动增加，而过度沉迷于短视频不仅不能够使农村居民从短视频中获益，反而会严重挤占其农业劳动和非农劳动时间，荒废生产劳动，不利于就业增收。

表 8 - 5　　　　　不同沉迷程度下短视频使用时长对农村居民时间分配的影响

| 沉迷程度 | 农业劳动时长 | 非农劳动时长 | 睡眠时长 | 体育锻炼时长 |
| --- | --- | --- | --- | --- |
| 正常使用：0.5 小时内 | - 5. 969<br>(4. 749) | 33. 084 **<br>(13. 202) | - 0. 347<br>(1. 107) | - 0. 956<br>(1. 491) |
| 轻度沉迷：0.5 ~ 1 小时 | - 12. 294<br>(28. 852) | - 13. 002<br>(69. 767) | 18. 042<br>(19. 298) | - 1. 834<br>(5. 650) |
| 中度沉迷：1 ~ 2 小时 | - 25. 629<br>(32. 628) | 77. 843<br>(87. 757) | 17. 451<br>(74. 184) | - 1. 712<br>(4. 973) |
| 重度沉迷：2 小时以上 | - 307. 228 ***<br>(2. 730) | - 467. 839 ***<br>(13. 959) | 0. 716<br>(1. 135) | - 5. 403<br>(35. 045) |

注：（1）表中结果为在不同沉迷程度下，短视频使用时长对农村居民时间分配影响系数的结果汇总，括号中数字为标准误；（2）*、**、*** 分别表示 10%、5%、1% 的显著性水平；（3）所有模型均包含控制变量包括被访者性别、年龄、受教育年限、是否从事农业生产、家庭成员个数、家庭总收入、村庄周围用工企业数量、村庄距最近的高速公路距离、村庄健身设施个数和省份固定效应；（4）所有模型均使用了稳健标准误。

表 8 - 6 汇报了在不同沉迷程度下，短视频使用时长对农村居民身体健康的异质性影响。结果发现，虽然在表 8 - 4 中的均值水平上并未发现短视频对农村居民睡眠质量有显著影响，但此处结果显示，短视频显著增加了中度和重度沉迷者经常失眠多梦的概率，即对其睡眠质量具有显著的负面影响。从对农村居民超重和肥胖的影响结果上来看，短视频使用对四组农户样本超重的正向影响均显著，但整体上对使用时长超过半小时的农村居民超重比例的影响程度更大，且短视频对正常使用和轻度沉迷者的肥胖影响并不显著，而对中度和重度沉迷者的肥胖比例具有显著正向影响。总体来讲，短视频对于沉迷程度较深使用者的身体健康危害更大。

表 8 - 6　　　　　不同沉迷程度下短视频使用时长对农村居民身体健康的影响

| 项目 | 是否失眠多梦 | 是否超重 | 是否肥胖 |
|---|---|---|---|
| 正常使用：0.5 小时内 | 1.352<br>(1.072) | 2.118 **<br>(1.068) | 2.914<br>(2.433) |
| 轻度沉迷：0.5～1 小时 | -4.298<br>(5.846) | 6.687 ***<br>(2.289) | -0.352<br>(22.661) |
| 中度沉迷：1～2 小时 | 2.945 ***<br>(0.496) | 2.692 ***<br>(0.997) | 4.628 ***<br>(0.577) |
| 重度沉迷：2 小时以上 | 0.829 *<br>(0.479) | 1.008 ***<br>(0.094) | 1.079 ***<br>(0.121) |

注：（1）表中结果为在不同沉迷程度下，短视频使用时长对农村居民身体健康影响系数的结果汇总，括号中数字为标准误；（2）*、**、*** 分别表示10%、5%、1%的显著性水平；（3）所有模型控制变量包含被访者性别、年龄、受教育年限、是否从事农业生产、平均每天饮酒量、平均每天肉类消费量、平均每天体育锻炼时长、家庭成员个数、家庭总收入、家庭医疗保险支出、村庄距县城距离、村庄人均收入、村庄健身设施个数；（4）所有模型均使用了稳健标准误。

上述结果说明，短视频的"数字红利"作用仅体现在正常使用的人群中，即仅对日均用时 0.5 小时以内的农村居民具有促进非农劳动的有利影响，而对沉迷于短视频的农村居民来说，短视频的使用则仅带来了对其身体健康的不利影响，尤其对日均沉迷时长多于 2 小时的农村居民的生产劳动和身体健康产生了更为严重的双重危害。

第二，不同个体特征的异质性影响。不同个体特征农村居民的日常时间分配也会存在显著差异，可能使得短视频对其生产劳动等日常活动的替代程度不同。如从性别上看，男女分工不同可能导致农村男性更多地从事农业生产、外出务工等体力劳动，而女性留在家中照料，这使得男性的劳动时间更多、女性的闲暇时间更多。这导致男性居民一旦对短视频上瘾，更可能为了浏览短视频而优先缩减睡眠、体育锻炼等闲暇时间，而由于没有强制时间规定，在家照料的女性居民沉迷于短视频的时间可能更多，以至于挤占更多的日常活动，从而导致短视频更可能加剧女性居民患肥胖、超重等慢性疾病的风险；从年龄上来看，老年人相比年轻人有更多的闲暇时间，外加短视频等手机应用软件为了扩大用户范围逐渐进行"适老化"改造，老年人的网瘾问题可能变得愈加严重，同时，若年轻居民上瘾程度严重则可能对其身体健康产生更大程度的不利影响，导致农村地区年轻劳动力的质量下降，从而可能不利于农村经济的可持续发展。

基于此，本章进一步根据农村居民性别和年龄对整体样本进行分组，分别检验短视频对农村居民时间分配和身体健康在个体特征上的影响差异，进一步揭示问题现状，从而能够为更具针对性地瞄准特征人群提出避免短视频危害的解决措施提供有益参考。对于性别来说，本章将样本分为男性和女性进行分组回归；对于年龄来说，本章则以样本均值58岁作为分组标准，将总样本分为高年龄组和低年龄组进行检验。

表8-7和表8-8分别从性别和年龄方面汇报了短视频对农村居民时间分配的异质性影响。结果显示，从闲暇时间上来看，短视频对男性和年龄较大的农村居民睡眠时长的负面影响程度更大，对男性居民体育锻炼时长呈现显著负面影响，而对女性居民体育锻炼时长呈现出显著的正向影响，这可能由于短视频具有丰富的瑜伽、有氧操、广场舞等资源吸引了女性群体。同时，短视频对农村居民体育锻炼时长的影响在不同年龄方面无显著差异；从劳动时间上来看，短视频对男性居民农业劳动时长呈现出显著负面影响，而对女性和不同年龄农村居民的农业劳动时长均无显著影响，这说明短视频主要使得男性居民从农业生产转移到能够获取更高收益的非农劳动中。此外，短视频对女性和年龄较大的农村居民非农劳动时长的正向促进作用更强，这可能由于女性和年龄较大农村居民的信息获取渠道相对较少，而短视频更大程度上放松了他们的信息约束边界，从而导致对其非农劳动正向影响的边际程度更大。

表8-7 短视频对农村居民时间分配影响的性别差异

| 变量 | 农业劳动时长（IV-Tobit） | | 非农劳动时长（IV-Tobit） | | 睡眠时长（2SLS） | | 体育锻炼时长（IV-Tobit） | |
|---|---|---|---|---|---|---|---|---|
| | 男 | 女 | 男 | 女 | 男 | 女 | 男 | 女 |
| 短视频使用时长 | -1.048**<br>(0.525) | -0.271<br>(0.582) | 2.386**<br>(1.172) | 3.894**<br>(1.666) | -0.455***<br>(0.139) | -0.283**<br>(0.135) | -0.463**<br>(0.202) | 0.478***<br>(0.169) |
| 除短视频外的手机使用时长 | -1.047***<br>(0.274) | -0.184***<br>(0.267) | -0.088<br>(0.499) | 0.710<br>(0.569) | -0.130**<br>(0.056) | -0.029<br>(0.078) | 0.050<br>(0.071) | 0.036<br>(0.072) |

续表

| 变量 | 农业劳动时长(IV-Tobit) | | 非农劳动时长(IV-Tobit) | | 睡眠时长(2SLS) | | 体育锻炼时长(IV-Tobit) | |
|---|---|---|---|---|---|---|---|---|
| | 男 | 女 | 男 | 女 | 男 | 女 | 男 | 女 |
| 其他控制变量 | 是 | 是 | 是 | 是 | 是 | 是 | 是 | 是 |
| 省份固定效应 | 是 | 是 | 是 | 是 | 是 | 是 | 是 | 是 |
| Wald 检验 | 0.633 | 0.900 | 0.107 | 0.035 | | | 0.006 | 0.061 |
| 一阶段 F 检验 | | | | | 116.701 | 58.712 | | |
| 过度识别检验 | | | | | 0.305 | 0.417 | | |
| 观察值 | 694 | 570 | 693 | 570 | 686 | 567 | 694 | 569 |

注:(1)括号中数字为标准误;(2)*、**、*** 分别表示10%、5%和1%的显著性水平;(3)过度识别检验为 Hansen J statistic,汇报结果为 P 值;(4)其他控制变量包括被访者性别、年龄、受教育年限、是否从事农业生产、家庭成员个数、家庭总收入、村庄周围用工企业数量、村庄距最近的高速公路距离以及村庄健身设施个数。

表 8 - 8      短视频对农村居民时间分配影响的年龄差异

| 变量 | 农业劳动时长(IV-Tobit) | | 非农劳动时长(IV-Tobit) | | 睡眠时长(2SLS) | | 体育锻炼时长(IV-Tobit) | |
|---|---|---|---|---|---|---|---|---|
| | >58 岁 | ≤58 岁 | >58 岁 | ≤58 岁 | >58 岁 | ≤58 岁 | >58 岁 | ≤58 岁 |
| 短视频使用时长 | -0.892<br>(0.677) | -0.535<br>(0.504) | 3.213*<br>(1.927) | 2.451**<br>(1.107) | -0.517***<br>(0.163) | -0.234**<br>(0.120) | -0.058<br>(0.178) | 0.140<br>(0.172) |
| 除短视频外的手机使用时长 | -0.820**<br>(0.317) | -1.347***<br>(0.260) | 0.322<br>(0.858) | 0.346<br>(0.416) | -0.167**<br>(0.066) | -0.050<br>(0.065) | 0.087<br>(0.079) | 0.016<br>(0.072) |
| 控制变量 | 是 | 是 | 是 | 是 | 是 | 是 | 是 | 是 |
| 省份固定效应 | 是 | 是 | 是 | 是 | 是 | 是 | 是 | 是 |
| Wald 检验 | 0.810 | 0.855 | 0.132 | 0.053 | | | 0.068 | 0.776 |
| 一阶段 F 检验 | | | | | 123.278 | 70.044 | | |
| 过度识别检验 | | | | | 0.919 | 0.565 | | |
| 观察值 | 627 | 641 | 627 | 636 | 624 | 629 | 627 | 636 |

注:(1)括号中数字为标准误;(2)*、**、*** 分别表示10%、5%和1%的显著性水平;(3)过度识别检验为 Hansen J statistic,汇报结果为 P 值;(4)控制变量包括被访者性别、年龄、受教育年限、是否从事农业生产、家庭成员个数、家庭总收入、村庄周围用工企业数量、村庄距最近的高速公路距离、村庄人均收入以及村庄健身设施个数。

表 8 - 9 和表 8 - 10 分别从性别和年龄方面汇报了短视频对农村居民身体健康的异质性影响。结果显示,与男性相比,短视频对女性农村居民超重、肥胖的正向影响程度更大,这说明虽然短视频由于具有丰富的瑜伽、有氧操、广场舞等资源增加了女性居民的体育锻炼时长,但很可能更大程

度上挤占了女性居民其他的日常活动时间（如外出活动、走访亲友、做家务等），从而对其身体健康总体上仍产生了不利影响；与大于58岁的农村居民相比，短视频对年龄较小农村居民超重、肥胖的正向影响程度更大，这说明短视频更大程度影响了年轻居民的非正式运动时间。综上来看，农村地区年龄相对较小的女性群体更容易受到短视频对其身体健康的负面影响。

表 8 – 9　　　　短视频对农村居民身体健康影响的性别差异（IV-Probit）

| 变量 | 睡眠质量 | | 是否超重 | | 是否肥胖 | |
|---|---|---|---|---|---|---|
| | 男 | 女 | 男 | 女 | 男 | 女 |
| 短视频使用时长 | −0.183 (0.140) | 0.213 (0.132) | 0.210* (0.125) | 0.302** (0.129) | 0.258* (0.151) | 0.309** (0.157) |
| 除短视频外的手机使用时长 | −0.020 (0.050) | −0.074 (0.053) | 0.060 (0.050) | 0.035 (0.053) | −0.055 (0.063) | 0.032 (0.068) |
| 其他控制变量 | 是 | 是 | 是 | 是 | 是 | 是 |
| 省份固定效应 | 是 | 是 | 是 | 是 | 是 | 是 |
| Wald 检验 | 0.737 | 0.147 | 0.272 | 0.046 | 0.210 | 0.039 |
| 观察值 | 684 | 559 | 684 | 560 | 684 | 560 |

注：（1）括号中数字为标准误；（2）*、**、***分别表示10%、5%、1%的显著性水平；（3）控制变量包含被访者性别、年龄、受教育年限、是否从事农业生产、平均每天饮酒量、平均每天肉类消费量、平均每天体育锻炼时长、家庭成员个数、家庭总收入、家庭医疗保险支出、村庄距县城距离、村庄人均收入、村庄健身设施个数。

表 8 – 10　　　　短视频对农村居民身体健康影响的年龄差异（IV-Probit）

| 变量 | 睡眠质量 | | 是否超重 | | 是否肥胖 | |
|---|---|---|---|---|---|---|
| | >58岁 | ≤58岁 | >58岁 | ≤58岁 | >58岁 | ≤58岁 |
| 短视频使用时长 | 0.002 (0.159) | 0.016 (0.115) | 0.044 (0.160) | 0.346*** (0.101) | −0.172 (0.218) | 0.425*** (0.115) |
| 除短视频外的手机使用时长 | 0.020 (0.061) | −0.056 (0.046) | 0.076 (0.063) | 0.065 (0.045) | 0.086 (0.075) | −0.032 (0.059) |
| 其他控制变量 | 是 | 是 | 是 | 是 | 是 | 是 |
| 省份固定效应 | 是 | 是 | 是 | 是 | 是 | 是 |
| Wald 检验 | 0.557 | 0.441 | 0.670 | 0.004 | 0.758 | 0.001 |
| 观察值 | 619 | 624 | 619 | 625 | 619 | 625 |

注：（1）括号中数字为标准误；（2）*、**、***分别表示10%、5%、1%的显著性水平；（3）控制变量包含被访者性别、年龄、受教育年限、是否从事农业生产、平均每天饮酒量、平均每天肉类消费量、平均每天体育锻炼时长、家庭成员个数、家庭总收入、家庭医疗保险支出、村庄距县城距离、村庄人均收入、村庄健身设施个数。

需要说明的是，表 8 - 3 至表 8 - 8 中部分 IV-Tobit 和 IV-Probit 模型的 Wald 检验结果没有拒绝外生性的原假设，即部分模型认为本章的短视频使用行为变量是外生的，但显然这与理论和事实并不相符。为了证明本章结果的稳健性，我们针对并未通过 Wald 检验的模型分别进行了常规的 Tobit 和 Probit 回归分析，其结果与加入工具变量后没有显著差异，为节省篇幅，未在文中汇报。

## 8.6 本章小结

本章基于 2020 年河北、湖北、广西、陕西、江苏五个省、区农村地区的一手调研数据，在微观层面上调查统计了农村居民短视频的使用现状，同时使用工具变量法从时间分配和身体健康角度实证检验了短视频使用对农村居民的双向影响。研究结果发现，从均值水平上来看，短视频对农村居民是一把"双刃剑"，短视频有益于为农村居民提供就业信息而增加其非农劳动时间、优化时间分配，带来了"数字红利"。与此同时，由于浏览短视频时人们常常处于身体静止状态，短视频减少了农村居民外出活动等非正式运动，增加了其患超重、肥胖等慢性疾病的概率，对其身体健康造成了危害。异质性分析结果显示，短视频的"数字红利"作用仅体现在正常使用（日均用时 0.5 小时以内）的人群中，而对沉迷于短视频的农村居民来说，短视频则仅带来了对其身体健康的不利影响，尤其对日均沉迷时长多于 2 小时农村居民的生产劳动（包括农业、非农劳动时间）和身体健康产生了更为严重的双重危害。此外，短视频对女性、年龄较大农村居民非农劳动时间的正向促进作用更强，而对男性、年龄较大农村居民睡眠时间的负面影响程度更大，对较为年轻的女性居民身体健康的不利影响更加严重。

# 研究结论与政策启示

## 9.1　研究结论

　　随着信息技术在农村地区的普及和发展，农村信息化在解决"三农"问题和实现乡村振兴上具有很大潜力。那么信息化能够有助于解决好农村地区最根本的农民收入问题吗？围绕这一核心问题，本书首先从理论上深入分析和探讨了信息化在促进农户增收、缩小收入差距上的作用机理，在此基础上，从微观农户视角，利用全国农村固定观察点数据以及信息化情况补充追踪调研数据，实证分析了手机信号、互联网和移动网络等基础信息工程对农户收入和农村内部收入差距的影响，并主要从农户收入结构分解、农业投入产出、农业全要素生产率、农户异质性、农户身体健康和生产劳动时间分配等方面深入剖析了其中的影响机制。具体实证内容和主要结论如下：

　　（1）农村信息化对农户收入的影响呈现动态变化，即随着信息技术的变迁，信息化在不断促进农户工资性收入增长的情况下，对农户总收入的正向影响随着其对农业收入负向影响的减弱而不断增强，且信息化的增收作用具有较大持续性和正向累积效应。

　　本书以信息搜寻理论为基础，基于2004~2014年全国农村固定观察点微观农户数据，运用匹配倍差法和工具变量法分析了手机信号、互联网和移动网络工程接通对农户总收入、工资性收入和农业收入的影响。研究发现，农村信息化可以通过降低信息搜寻成本，促进信息资源在农村地区快速传播，有效改善农民就业和收入结构，促进农民增收致富。结果表明，信息化总体上对农户人均纯收入和工资性收入具有显著正向影响，对人均农业纯收入具有负向影响，这是因为信息化促进了农村劳动力非农转移，使得农户的农业生产经营在整个家庭经营中的比重降低。同时，本书也发现，信息化对农户收入的影响呈现动态变化，即随着信息技术的变迁，信息化在不断促进农户工资性收入增长的情况下，对农户总收入的正向影响随着其对农业收入负向影响的减弱而逐渐增强，且信息化总增收作用具有较大持续性和累积效应。

（2）农村信息化促进了农村劳动力非农转移，减少了农户的农业劳动和资本投入，从而在短期内使得农户粮食总产出和农业总收入减少；但信息化同时帮助农户优化资源要素配置，提高了粮食单产和投入要素使用效率，长期来看则有助于提高生产效率和农业收入。

本书首先从劳动时间分配和农业投入产出角度分析了信息化对农户收入的影响途径。基于全国农村固定观察点 2003~2011 年的农户数据，以及对部分观察点村庄信息化情况的补充调查数据，运用倍差法和工具变量法，从劳动时间分配方面验证了信息化提高农户工资性收入的原因，并主要从投入产出视角实证分析了信息化导致农户农业收入下降的可能原因。研究结果发现：第一，信息化对农户劳动时间分配和农业投入的影响是导致农户工资收入增加而农业收入减少的重要原因。在促进农户非农劳动时间增加、农业劳动时间减少的基础上，信息工程的接通也导致了农户减少了农业生产的物质资本投入。短期内，农业劳动和资本投入的减少使得农户的粮食总产量显著减少，进而减少了农户的农业收入；第二，信息化所带来的农户投入产出效率提升，使得其对农户农业收入的抑制作用逐渐减弱甚至消失。从手机信号到互联网和移动网络，信息工程接通对农户粮食单产呈现了从无影响到正向影响的变化，对单位面积化肥施用量呈现了从无影响到负向影响的变化，这说明，信息化有利于帮助农户优化农业资源配置和要素重组，使得农户单位面积的农业投入减少、农业单产增加，逐渐提高了投入产出效率，从而对农业收入的抑制效应减弱。

（3）农村信息化有助于农户农业全要素生产率和技术效率的提升，促进农业生产提质增效，为破解我国农业"怎么种地"等现实难题提供了有效途径。

本书进一步从农业生产效率方面分析信息化对农户收入的影响途径。主要基于2004～2016年全国农村固定观察点微观农户数据，运用倍差法分析了信息工程接通对农户农业全要素生产率、技术效率和技术进步的影响，并应用反事实、匹配法和滞后效应检验等多种方法进行稳健性检验。研究结果表明，信息化发展对农户农业全要素生产率具有促进作用，这种作用主要来源于农业技术效率的提高。结合信息化对农户农业收入的影响，这一结果说明，一方面，在手机信号和互联网发展时期，尽管信息化能够帮助农户提升生产效率，但最终仍没能抵得过信息化在促进农村劳动力转移后对农户农业生产投入减少的负向影响，使得农业生产经营在整个家庭经营中的比重不断降低，导致信息化在早期对农户的农业收入表现出了抑制效果；另一方面，正是因为信息化在不断帮助农户提升农业生产效率，才使得后期移动网络的发展对农户的农业收入不再表现出抑制作用。这意味着，农村信息化发展在优化农业生产、提高农业资源配置和组织管理效率上起到了显著作用，提高了农户的生产效率。也说明，信息化在促进农村劳动力转移的同时并没有因劳动力流失而阻碍农业技术效率和全要素生产率的增长，反而为土地规模化和集约化经营腾出空间，使得农业生产要素的组合比例趋向合理，最终提升生产效率。

从长期来看，信息化将有益于我国农业生产发展，在转向农业现代化发展的过程中起到提质增效的作用。我们不必过于担心农村劳动力转移以及部分小农户转出土地、放弃农业生产后无人种地的问题，在信息化的迅速发展和技术引领下，农业生产正在向着规模化、精细化、数字化等方向发展，由本书的研究结果可知，信息化在提高生产效率、资源利用效率等方面的作用明显，为未来"怎么种地"等难题提供了有效的解决途径。

（4）我国农村信息化与农户收入差距的关系仍处于倒"U"形曲线左侧，即信息化目前不利于农村内部收入差距的改善，存在信息利用"鸿沟"

本书基于2004～2014年全国农村固定观察点微观农户数据，结合匹配法采用分位数回归模型分析了信息化对不同收入组农户的收入影响。研究结果表明，三项信息工程的接通总体上对较高收入农户的总收入和工资性收入影响更大，即信息化发展在样本期内加剧了农户之间的收入差距，较高收入农户能更好地利用所获取的非农就业等信息较快地实现劳动力转移以及农业和非农资源的优化组合，以提高其家庭总收入。并且，信息化导致的农户收入差距主要表现在我国发展较快的东部地区，这说明目前我国农村信息化与农户收入差距的关系在样本阶段内仍处于可能的倒"U"形曲线左侧。这意味着我国部分农户并未能很好地利用信息技术提高其增收能力，信息利用"鸿沟"依然较大。

（5）农村信息化对农户收入的影响因不同农户特征存在一定差异，加剧了收入差距，但信息互联和道路互通在提高农户收入上显示出一定的互补性。

本书基于2004～2014年全国农村固定观察点微观农户数据，进一步探讨了不同群体特征下信息化给农户带来的收入影响效应。从农户受教育水平上来看，受教育程度越高的农户越容易掌握信息工具的使用技能，对信息搜寻和利用的能力也越强，从而越容易从中受益，获得收入增长；从农户年龄上来看，信息化对年龄较小农户的收入增长效应更大，这是因为年轻人相较年纪大的人更容易受到信息技术的吸引，且对新鲜事物接受能力更快，因而更容易从信息化发展中获益。上述结果同时说明，由于不同农户群体的信息利用能力存在差异，信息化发展加剧了农户之间的收入差距。但从道路基础设施条件上来看，信息工程接通对距离公路干线越远村庄农户的收入增长促进作用更强，也即对道路基础设施条件较差村庄农户收入的影响更大。这表明，在提高农户收入问题上，信息基础设施对道路基础设施的影响存在一定互补性，有利于弥补道路交通不便对农户收入增长的抑制影响。

（6）如短视频等新近的信息技术应用对农户是一把"双刃剑"，需警惕其对农户身体健康和生产劳动等方面的潜在危害。

为进一步探究信息技术为农村居民带来的影响，本书基于全国五个省份农村地区的一手调研数据，使用工具变量法实证分析了新近的信息技术——短视频对农村居民时间分配和身体健康的影响。结果发现，短视频对农村居民是一把"双刃剑"，短视频通过为农村居民提供有益信息促进了其非农劳动时间的增加，带来了数字红利；同时，短视频长时间的静态使用行为增加了农村居民患超重、肥胖的风险，危害其身体健康。然而，短视频的"红利"作用仅体现在日均用时 0.5 小时以内的群体中，而对沉迷于短视频的农村居民来说，短视频仅带来了对其身体健康的不利影响，尤其对日均用时多于 2 小时农村居民的生产劳动（农业、非农劳动时间）和身体健康产生了更为严重的双重危害，且短视频对身体健康的不利影响对年轻的女性居民更加严重。未来应高度警惕短视频等新的信息技术应用对农村居民的危害，避免其发展成为"信息鸦片"，进一步拉大农户之间的收入差距。

## 9.2 政策启示

本书的实证结果具有重要政策参考意义。目前，我国社会主要矛盾已经转化为人民日益增长的美好生活需要和不平衡不充分的发展之间的矛盾，其中最大的不平衡在于城乡发展的不平衡，最大的不充分在于农村发展的不充分。城乡收入差距、农村内部收入差距是不平衡的重要表现，农民收入水平不高、增速不够快是不充分的重要表现。本书较为严谨的实证结果表明，农村信息化建设可以通过降低信息搜寻成本，促进信息资源在农村地区快速传播，有效改善农民就业和收入结构，促进农业生产提质增效和农民增收致富。但不容忽视的是，信息化没能有效缩小农村内部收入差距。根据上述研究结论，具体提出以下六点建议。

（1）继续推进信息化基础设施建设升级，为农户持续增收做好信息化基础设施保障。

农村信息基础设施建设是推广"互联网＋"农业、农业信息技术应用等的基础，我国虽然在农村地区信息基础设施上已经卓有成效，但目前农村互联网普及率为46.2%，比城市地区互联网普及率少30.3%，且仍有3万多个行政村尚未实现4G网络覆盖，2G、3G信号也时常不稳定。本书第3章结果显示，互联网、移动网络等工程的接通是有利于我国农户收入增长的，并且，本书第7章结果显示，信息化对农户收入的正向影响在那些距离交通干线较远村庄表现得更加明显，显示了信息互联对交通互通有一定的补充能力。由于地理位置限制，部分偏远地区若想加强道路基础设施建设将需要很大的成本，对于这些地区来说，政府应加大信息基础设施建设力度，以保证他们早日打破封闭状态，通过获取足够的信息来进行更加优化的生产和就业决策，从而促进收入增加。因此，为促进农户收入进一步稳定增长以及农村经济快速发展，我国政府应继续加大部分地区农村信息基础设施建设投入，让基站升级，加快推进网络光纤入村到户，尤其加大对偏远地区的信息基础设施建设，引导地方政府及通信企业强化政策和资金支持，为偏远地区和贫困农户提供信息服务补偿，引导农民积极"入网"，为农户持续增收做好信息化基础设施保障。

（2）加快农业生产环节信息技术普及和应用，利用信息化带领农业生产提质增效。

在我国实现从农业大国向农业强国转变的过程中，"质量兴农战略"被提上日程，这就要求加快农业由增产导向转向提质导向，不断提高农业全要素生产率。根据第6章研究结果，手机信号、互联网和移动网络等信息工程的接通能够促进农户农业全要素生产率和技术效率的提高，这说明，作为当今社会进步助推器的信息技术与农业的融合发展具有很大潜力，能够起到提质增效的作用。因此，政府应积极推广宣传信息技术在农业生产上的应用，如远程监控、环境监测、遥感技术、智能灌溉等精准农业技术，从低成本信息技术应用开始，让农户逐渐意识到信息技术能够提高生产效率、转变农业生产方式，并对较高成本信息技术实施补贴政策，提高农户采纳农业信息技术的积极性，以用信息化促进农业增产、农户增收。

（3）发展适度规模经营，助推农业信息技术更高效地转换为生产力。

农业信息技术的应用往往需要支付一定费用，小农户在不确定成效的情况下支付意愿较低，积极性较差，而发展适度规模经营将有助于农业信息技术的应用。本书第 5 章结果显示，信息工程的接通促进了农村劳动力向非农行业转移，减少了农户农业劳动和资本投入，降低了农业生产在整个家庭经营中的比重。这一方面促使农业生产需要引入机械化和农业信息技术对农业劳动力等资源流失进行有效替代，提高生产效率；另一方面，部分农户的退出有利于我国土地向种植大户或新型经营主体等流转，促进土地规模化发展，从而进一步有助于农业信息技术的普及应用，并以此促进农业高效生产。因此，我国应推动农业生产适度规模经营，为农业信息技术应用提供发展条件，促进农业转型升级，向现代化方向发展。

（4）警惕信息化过程中的"数字鸿沟"，加强农民信息技能培训，培养农村信息"带头人"，缩小信息利用"鸿沟"和农户收入差距。

在信息化建设过程当中，农民是信息使用主体，提升农民的信息获取和利用能力是信息化建设的一项重要任务。第 7 章研究结果显示，信息工程的接通没能有效缩小农村内部收入差距，部分低收入水平、受教育程度较低以及年龄较大农户没能充分利用信息优势提高家庭收入，这主要是由于农户自身文化水平低且缺乏信息技能培训，对信息技术的掌握能力较差。因此，仍需各级政府加大农村地区教育和培训投入，在加快农村信息化建设的同时，强化信息技能培训，切实提高农户获取和处理信息的能力。此外，政府在实现村庄网络全覆盖的基础上，应大力培育农村信息化专业人才、新型职业农民等信息技术"带头人"，为进一步使用先进的农业信息技术提供必要的人力资本条件，并发挥他们的信息技术带头作用，引导和帮助其他农户共同受益，缩小收入差距，早日实现平衡充分发展。

（5）信息化"最后一公里"问题（即信息化基础设施之上的信息有效传递和利用效率对农户收入和收入差距的影响）还亟待开展更多实证研究。

限于现有数据条件，本书所使用的主要信息化变量为村庄信息化基础设施建设情况，虽然也在户级层面尝试了信息工具使用对农户收入的影响效果，但并不知道农户能够从这些信息工具中真正获得多少有效的信息来帮助他们进行生产或就业决策，仍需对此开展更深入的实证研究。未来应在继续完善农村信息化设施的基础上，通过"大数据"建立农业数据资源平台，完善农村信息服务建设，实现农业农村信息的有效传递和利用，从而让农民更加有效率地掌握信息资源，以促进农民持续增收，实现小农户和现代农业发展的有机衔接，并通过信息化探索出一条适合中国国情的农村现代化建设道路。

（6）如短视频等具有成瘾性信息技术的负面影响亟须引起学界关注。

基于本书第 8 章研究结论，提出以下建议：一是高度警惕短视频对农村居民身体健康的不利影响，重点防范过度沉迷成为普遍现象，避免短视频在未来发展成为"数字鸦片"对农村居民的生产和生活带来双重危害。二是由于短视频是一把"双刃剑"，不宜采取"一刀切"的限制性手段，应正确引导农村居民合理使用短视频，未来可探索按照短视频内容进行分类、分级限制管理，以保留其优势、规避其危害。三是丰富农村居民的闲暇生活和精神文明，可尝试通过增加线下公共文体活动吸引农村居民放下手机，以缓解短视频的不利影响。

## 9.3 研究不足与展望

本书存在一些局限和不足之处：

第一，为了解决信息工具的内生性问题，本书在数据上补充调查了一部分固定观察点村庄的手机信号、互联网和 3G 移动网络等关键信息，并采取多种识别方法，这在很大程度上减弱了信息接入的内生性问题，并为在此领域运用倍差法验证信息化的影响提供了实证补充。未来，如果能收集到所有观察点样本村庄的补充数据，这将能提供更可靠的数据支撑。

第二，本书所使用的主要信息化变量并不是农户层面是否使用信息化工具的解释变量，而是农户所在村庄是否接通信息工程变量，但并不知道农户能够从这些信息工具中获得多少有效的信息来帮助他们进行生产或就业决策，这中间存在从"信息设备接入"到"有效利用信息"之间的"暗区"，因而仍需要更加微观和深入的信息化调查来进行下一步的研究。此外，包括手机信号、互联网和移动网络在内的信息基础设施建设只是农村信息化发展的一部分，农村信息化还包括农业信息综合服务平台、农业资源数据库的建设以及信息技术和农业生产结合所产生的先进农业信息技术的发展，如在线监测、精准作业、病虫害远程诊断等，但受数据限制，本书仅选用基础信息工程接通来初步考察信息化对我国农户收入的影响。

第三，本书所用的农业部农村固定观察点数据大多为小农户样本，户均耕地面积不足 8 亩，因此，所得结论也主要针对信息化对我国小农户收入的影响情况，未来仍需对信息化对较大规模农户（如家庭农场等新型经营主体）的影响进行进一步的研究和探索。

第四，由于农业部农村固定观察点数据使用规定较为严格，受条件限制，导致本书不同实证章节所使用的数据年份不尽相同。详细来说，第 4 章和第 7 章所用数据年份为 2004～2014 年，第 5 章所用数据年份为 2003～2011 年，而第 6 章所用数据年份为 2004～2016 年。虽然部分章节所用数据年份有所不同，但是四个实证章节所用数据的时间维度有较大重叠，即均包含了 2004～2011 年，重叠年份的农户样本基本相同，且仅有第 5 章所用数据年份较早。因此，本书结果仍具有一定可比性和时效性。后期若条件允许，将会继续统一所有实证研究章节的样本年份再次进行稳健性检验。

第五，未来可能的研究方向：一是本书重点通过对农业生产环节的分析来探究信息化对农户收入的影响途径。但除了生产环节外，信息化对农产品销售环节的影响也较大，信息利用对提升农产品销售价格、增强农户谈判能力等均有重要的影响，限于数据条件，没能对此路径进行分析，未来将继续进行研究；二是农户收入来源不断多样化，除了工资性收入、农业收入之外，农村信息化对农户非农经营收入的影响也值得重视，如农村电商收入、农民返乡创业收入等，这将成为后续研究的重点方向；三是信息技术的"双刃剑"作用值得进一步深入研究，例如短视频等应用成瘾带来的负面影响等，未来需高度警惕信息技术得不到充分利用而转变成为信息"鸦片"。

# 附　录

## 附录 A

## 固定观察点村庄信息化情况补充追踪
## 调研问卷

调研员：　　　　村庄名称：　　　　调研时间：

被调查者：　　　　村委会职位：　　　　联系方式：

1. 该村庄由村里牵头安装的最早接入互联网（或宽带）的年份_____。

2. 该村庄内手机最早能接收到信号（即能接打电话）的年份

_____。

3. 该村庄内手机最早能上网（2G 网络，即可用手机使用 QQ、浏览简易网页等）的年份_____。

4. 在该村庄内手机接收到 3G 网络的最早年份_____。

5. 该村庄内部是否建有信号塔（基站）？（信号塔：就是能让手机有信号的装备）

A. 是　　B. 否

6. 若该村庄内部有信号塔。

（1）信号塔最早建立的年份_____。

（2）信号塔建立年份是否和问题 2 的年份一致？_____

如果不一致，原因是什么？

A. 回忆错误（请再次确认两个年份是否一致）

B. 村庄内部没有信号塔之前能接收到隔壁村庄信号塔发射的手机信号

C. 其他（请标明）_____

（3）信号塔位置记录（经纬度）_____

A. 确切位置　　　　B. 临近位置

（经纬度可用手机自带软件指南针记录）

7. 若该村庄内部没有信号塔，或者6（2）题的答案是B。

（1）附近相邻村庄 1 信号塔的最早建立年份_____，附近村庄 1 名称_____；附近相邻村庄 2 信号塔的最早建立年份_____，附近村庄 2 名称_____；附近相邻村庄 3 信号塔的最早建立年份_____，附近村庄 3 名称_____；

（2）上述哪个村庄的信号塔离本村村委会最近？

A. 相邻村庄 1　　B. 相邻村庄 2　　C. 相邻村庄 3

（3）本村没有信号塔之前能接收到上述哪个村庄信号塔的信号？（可多选）

A. 相邻村庄 1　　B. 相邻村庄 2　　C. 相邻村庄 3　　D. 都不能

# 国家"八纵八横"光缆干线网

国家"八纵八横"光缆干线网始于 1986 年的宁汉光缆工程,终于 2000 年建成的广昆成光缆工程,48 项工程横纵交错,构成了四通八达的一级干线传输网络。整个工程建设历时 15 年,累计投资约 170 亿元人民币,覆盖范围广,全国所有的省会级城市全部被覆盖,除了主干光缆外,还铺设了配套的支线光缆、连接灌篮,长度总计约 8 万公里,规模庞大(汤博阳,2008)。详细"八纵八横"线路如下:

**1. 八条纵向光缆干线**

第一纵:牡丹江—上海—广州,线路全长 5241 公里。

第二纵:齐齐哈尔—北京—三亚,线路全长 5584 公里。

第三纵:呼和浩特—太原—北海,线路全长 3969 公里。

第四纵:哈尔滨—天津—上海,线路全长 3207 公里。

第五纵:北京—九江—广州,线路全长 3147 公里。

第六纵:呼和浩特—西安—昆明,线路全长 3944 公里。

第七纵:兰州—西宁—拉萨,线路全长 2754 公里。

第八纵:兰州—贵阳—南宁,线路全长 3228 公里。

**2. 八条横向光缆干线**

第一横:天津—呼和浩特—兰州,线路全长 2218 公里。

第二横:青岛—石家庄—银川,线路全长 2214 公里。

第三横:上海—南京—西安,线路全长 1969 公里。

第四横:连云港—乌鲁木齐—伊宁,线路全长 5056 公里。

第五横:上海—武汉—重庆—成都,线路全长 3213 公里。

第六横:杭州—长沙—成都,线路全长 3499 公里。

第七横:上海—广州—昆明,线路全长 4788 公里。

第八横:广州—南宁—昆明,线路全长 1860 公里。

# 附录 C

## 使用多项信息工程 PCA 综合指数作为村庄
## 信息化水平衡量指标

在第 4 章工具变量检验和第 7 章分位数回归部分，本书采取了两种办法对各项信息工程变量进行合并，一是多项信息工程加总变量，二是利用主成分分析法（PCA）对多项信息工程变量进行降维处理，形成一个综合指数来代表村庄信息化水平。两种信息化水平度量的模型结果一致。为了节省篇幅，在正文中仅报告了信息工程加总变量的结果，此处对主成分分析法信息化综合指数的模型结果进行补充汇报。

利用主成分分析法（PCA）对手机信号、互联网、2G 和 3G 移动网络信息工程变量进行降维处理，形成一个综合指数来代表村庄信息化水平，该值越大则表明村庄信息化水平越高，将其命名为"信息化水平 PCA 指数"。附表 -1 和附表 -2 报告了信息化对农户总收入、工资性收入和农业收入的 2SLS 估计结果，该结果仍然显示信息化对农户人均总收入和工资性收入具有显著正向影响，对人均农业纯收入具有显著负向影响。且工具变量外生性检验结果（见附表 -3）同样表明是否有国家"八纵八横"光缆干线通过并不会直接影响农户收入水平。附表 -4 报告了信息化对农户收入分位数回归的估计结果，该结果显示，信息化对中收入组和高收入组农户的工资性收入和总收入的影响程度更大，加剧了农户之间的收入差距，进一步证实了正文结果的稳健性。

附表 -1          信息化水平 PCA 指数第一阶段回归结果

| 因变量：信息化水平 PCA 指数 | 人均总纯收入模型 | 人均工资性收入模型 | 人均农业纯收入模型 |
|---|---|---|---|
| 是否有"八纵八横"光缆干线通过 | 0.378 *** <br> (0.014) | 0.364 *** <br> (0.022) | 0.330 *** <br> (0.026) |
| 村庄距离三大通信公司营业点平均距离 | 10839 | 9714 | 11989 |
| 观察值 | 10839 | 9173 | 11416 |

附表 - 2 信息化水平 PCA 指数第二阶段回归结果

| 变量 | 人均总纯收入 | 人均工资性收入 | 人均农业纯收入 |
|---|---|---|---|
| 信息化水平 PCA 指数 | 1068.833 ***<br>(378.774) | 2743.785 ***<br>(428.387) | - 5871.810 ***<br>(841.400) |
| 截距项 | 2631.511 ***<br>(594.800) | 9218.132 ***<br>(1236.571) | - 17685.270 ***<br>(2681.838) |
| 1986 年村庄控制变量 | 是 | 是 | 是 |
| 其他控制变量 | 是 | 是 | 是 |
| 观察值 | 10839 | 9714 | 11989 |
| $R^2$ | 0.339 | 0.319 | 0.681 |
| 可识别检验 | 694.029<br>(0.000) | 297.651<br>(0.000) | 260.698<br>(0.000) |
| 弱工具变量检验 | 739.953<br>(16.38) | 266.555<br>(16.38) | 264.596<br>(16.38) |

注：工具变量可识别检验采用的是 LM 统计量，括号为相应的 P 值，结果显示不存在不可识别问题；弱工具变量检验采用的是 Cragg-Donald Wald F 统计量，括号内为临界值，采用的是 Stock-Yogo 容忍 10% 水平扭曲下的对应临界值，结果表明不存在弱工具变量问题；过度识别检验采用的是 Hansen J 统计量，括号为 P 值，结果表明工具变量均符合外生性条件；回归模型均使用了稳健标准误差；1986 年村庄控制变量包括：地势、年末户数和村庄集体经营收入；其他控制变量包括：年份固定效应、省份固定效应、户主性别、年龄、受教育程度、乡村干部身份、是否受过农业技术教育或培训、家庭经营主业、家庭劳动力比例、家庭人均耕地面积、村庄距离公路干线距离、村庄人口及村庄人均收入。

附表 - 3 工具变量外生性检验

| 自变量 | 农户人均总纯收入 | |
|---|---|---|
| 信息化水平 PCA 指数 | 599.579 ***<br>(109.966) | 559.554 ***<br>(99.298) |
| 是否有国家"八纵八横"光缆干线通过 | - 425.903<br>(277.110) | - 362.545<br>(376.466) |
| 控制变量 | 否 | 是 |
| $R^2$ | 0.298 | 0.330 |

注：（1）控制变量包括年份固定效应、省份固定效应、户主性别、年龄、受教育程度、乡村干部身份、是否受过农业技术教育或培训、家庭经营主业、家庭劳动力比例、家庭人均耕地面积、村庄距离公路干线距离以及村庄人口；（2）回归模型均使用了稳健标准误差。

**附表 − 4　　　　　　信息化水平 PCA 指数分位数回归结果**

| 自变量：信息化水平 PCA 指数 | 人均总纯收入 | 人均工资性收入 | 人均农业纯收入 |
|---|---|---|---|
| q25 | 76. 328<br>(47. 167) | 58. 895 *<br>(34. 585) | − 40. 281 *<br>(23. 889) |
| q50 | 252. 296 ***<br>(51. 328) | 111. 330 ***<br>(33. 415) | 27. 540<br>(22. 930) |
| q75 | 368. 300 ***<br>(59. 826) | 293. 218 ***<br>(48. 284) | 84. 888 ***<br>(25. 776) |
| 控制变量 | 是 | 是 | 是 |
| 观察值 | 12245 | 10951 | 13399 |

　　注：控制变量包括年份固定效应、村庄固定效应、户主性别、年龄、受教育程度、乡村干部身份、是否受过农业技术教育或培训、家庭经营主业、家庭劳动力比例、家庭人均耕地面积、村庄距离公路干线距离以及村庄人均收入。

# 参 考 文 献

［1］蔡昉. 迁移决策中的家庭角色和性别特征［J］. 人口研究，1997（2）：7－12.

［2］陈林，伍海军. 国内双重差分法的研究现状与潜在问题［J］. 数量经济技术经济研究，2015，32（7）：133－148.

［3］陈良玉. 农村信息化探索与实践［M］. 北京：中国农业科学技术出版社，2007.

［4］程名望，史清华，Jin Yanhong. 农户收入水平、结构及其影响因素——基于全国农村固定观察点微观数据的实证分析［J］. 数量经济与技术经济研究，2014，31（5）：3－19.

［5］程名望，史清华，Jin Yanhong，盖庆恩. 农户收入差距及其根源：模型与实证［J］. 管理世界，2015（7）：17－28.

［6］程名望，张家平. 互联网普及与城乡收入差距：理论与实证［J］. 中国农村经济，2019（2）：19－41.

［7］陈强. 高级计量经济学及 Stata 应用［M］. 2 版. 北京：高等教育出版社，2014.

［8］陈学兵，刘一伟. 乡村振兴背景下互联网使用对农户家庭收入的影响及机制分析［J］. 大连理工大学学报（社会科学版），2023，44（5）：69－78.

［9］丁丽，李炳军，田振强. 河南省地市级区域农业信息化发展水平评价及分析［J］. 河南农业大学学报，2010，44（3）：343－347.

［10］邓蒙芝，罗仁福，张林秀. 道路基础设施建设与农村劳动力非

农就业——基于 5 省 2000 个农户的调查［J］．农业技术经济，2011（2）：4 – 11.

［11］范丽霞，李谷成．全要素生产率及其在农业领域的研究进展［J］．当代经济科学，2012，34（1）：109 – 119，128.

［12］方颖，赵扬．寻找制度的工具变量：估计产权保护对中国经济增长的贡献［J］．经济研究，2011，46（5）：138 – 148.

［13］方顺超，朱平芳．互联网对于农户收入不平等的影响探究［J］．系统工程理论与实践，2024，44（5）：1450 – 1467.

［14］胡鞍钢，周绍杰．中国如何应对日益扩大的"数字鸿沟"［J］．中国工业经济，2002（3）：5 – 12.

［15］黄凤，郭锋，丁倩，洪建中．社交焦虑对大学生手机成瘾的影响：认知失败和情绪调节自我效能感的作用［J］．中国临床心理学杂志，2021，29（1）：13，56 – 59.

［16］高梦滔，姚洋．农户收入差距的微观基础：物质资本还是人力资本［J］．经济研究，2006（12）：71 – 80.

［17］高梦滔，和云，师慧丽．信息服务与农户收入：中国的经验证据［J］．世界经济，2008（6）：50 – 58.

［18］高鸣，宋洪远，Michael Carter．粮食直接补贴对不同经营规模农户小麦生产率的影响——基于全国农村固定观察点农户数据［J］．中国农村经济，2016（8）：56 – 69.

［19］高鸣．脱钩收入补贴对小麦生产率有影响吗？——基于农户的微观证据［J］．中国农村经济，2017（11）：47 – 61.

［20］韩海彬，张莉．农业信息化对农业全要素生产率增长的门槛效应分析［J］．中国农村经济，2015（8）：11 – 21.

［21］鞠晴江，庞敏．道路基础设施影响区域增长与减贫的实证研究［J］．经济体制改革，2006（4）：145 – 147.

［22］巨文辉．工作搜寻成本及信息对农村劳动力转移影响的理论分析［J］．首都经济贸易大学学报，2005（3）：81 – 84.

［23］金渝．互联网的发展及其对农业生产效率的影响分析［J］．农村经济与科技，2020，31（2）：310－312．

［24］李道亮．中国农村信息化发展报告（2008）［J］．中国信息界，2009（Z1）：72－84．

［25］李谷成，冯中朝，范丽霞．小农户真的更加具有效率吗？来自湖北省的经验证据［J］．经济学（季刊），2010，9（1）：95－124．

［26］李谷成，尹朝静，吴清华．农村基础设施建设与农业全要素生产率［J］．中南财经政法大学学报，2015（1）：141－147．

［27］廖红丰，杨佳．农业信息化与农民收入的增加［J］．金陵科技学院学报，2004（3）：67－70．

［28］刘骏，薛伟贤．中国城乡数字鸿沟测算指标体系构建及应用［J］．科技管理研究，2012，32（9）：27－30．

［29］李思．四川省"三州"少数民族地区农业信息化水平评价及发展对策研究［J］．西昌学院学报（自然科学版），2010，24（3）：80－82．

［30］李欠男，李谷成．互联网发展对农业全要素生产率增长的影响［J］．华中农业大学学报（社会科学版），2020（4）：71－78，177．

［31］李文涛，阚佳欣，闵钰婷，张涵，彭琳．网络成瘾对大学生学习成绩影响研究［J］．现代经济信息，2019（4）：410－411．

［32］刘天元，王志章．稀缺、数字赋权与农村文化生活新秩序——基于农民热衷观看短视频的田野调查［J］．中国农村观察，2021（3）：114－127．

［33］刘世洪，胡海燕，郦晶，郑火国，朱海鹏．农业信息化标准体系框架研究［J］．农业网络信息，2006（2）：13－17．

［34］刘生龙，周绍杰．基础设施的可获得性与中国农村居民收入增长——基于静态和动态非平衡面板的回归结果［J］．中国农村经济，2011（1）：27－36．

［35］李士梅，尹希文．中国农村劳动力转移对农业全要素生产率的

影响分析 [J]. 农业技术经济, 2017 (9): 4-13.

[36] 刘晓光, 张勋, 方文全. 基础设施的城乡收入分配效应: 基于劳动力转移的视角 [J]. 世界经济, 2015, 38 (3): 145-170.

[37] 刘晓倩, 韩青. 农村居民互联网使用对收入的影响及其机理——基于中国家庭追踪调查 (CFPS) 数据 [J]. 农业技术经济, 2018 (9): 123-134.

[38] 刘勇, 孟令杰. 测量 Malmquist 生产率指数的 SFA 方法 [J]. 北京理工大学学报 (社会科学版), 2002 (S1): 42-44.

[39] 刘冲, 周黎安, 徐立新. 高速公路可达性对城乡居民收入差距的影响: 来自中国县级水平的证据 [J]. 经济研究, 2013, 1: 53-64.

[40] 罗雨泽, 芮明杰, 罗来军, 朱善利. 中国电信投资经济效应的实证研究 [J]. 经济研究, 2008 (6): 61-72.

[41] 罗千峰, 赵奇锋. 互联网使用对农户家庭收入增长的影响及机制研究 [J]. 经济经纬, 2022, 39 (6): 34-44.

[42] 连帅磊, 冯全升, 闫景蕾, 张艳红. 手机成瘾、非理性拖延与抑郁、焦虑的关系: 正念的保护性作用 [J]. 中国临床心理学杂志, 2021, 29 (1): 18, 51-55.

[43] 刘宇. 互联网对国民经济影响的定量分析 [J]. 中央财经大学学报, 2010 (12): 44-49.

[44] 骆永民. 中国城乡基础设施差距的经济效应分析——基于空间面板计量模型 [J]. 中国农村经济, 2010 (3): 60-72.

[45] 梅方权. 中国农业信息化建设的前景展望 [J]. 计算机与农业, 1997 (3): 1-3.

[46] 米建伟, 梁勤, 马骅. 我国农业全要素生产率的变化及其与公共投资的关系——基于 1984-2002 年分省份面板数据的实证分析 [J]. 农业技术经济, 2009 (3): 4-16.

[47] Rozelle S, 黄季焜. 中国的农村经济与通向现代工业国之路 [J]. 经济学季刊, 2005 (3): 201-224.

［48］孙楚，杨辉．农村信息技术服务对农民收入影响的实证研究——基于哈尔滨市面板数据的分析［J］．农机化研究，2014，36（10）：58－62，67．

［49］苏岚岚，彭艳玲．农民数字素养、乡村精英身份与乡村数字治理参与［J］．农业技术经济，2022（1）：34－50．

［50］史常亮，郝晓燕．数字乡村发展与农户增收——基于增长和分配双重视角的审视［J］．农村金融研究，2023（7）：38－48．

［51］汤博阳．"八纵八横"干线网筑起中国通信业的脊梁［J］．数字通信世界，2008（12）：17－22．

［52］田涛，李玮玮．农业信息服务的生产率增长效应检验［J］．安徽农业大学学报（社会科学版），2012，21（4）：1－5．

［53］谭燕芝，李云仲，胡万俊．数字鸿沟还是信息红利：信息化对城乡收入回报率的差异研究［J］．现代经济探讨，2017（10）：88－95．

［54］唐文浩．数字技术驱动农业农村高质量发展：理论阐释与实践路径［J］．南京农业大学学报（社会科学版），2022，22（2）：1－9．

［55］吴宝华．我国农业信息化发展的战略构想［J］．计算机与农业，2001（11）：13，36－37．

［56］蔚海燕．我国农业信息化水平的测度及分析［J］．晋图学刊，2004（1）：24－28，37．

［57］王怀明，史晓明．江苏信息化水平对农民收入的影响［J］．江苏农业学报，2010，26（2）：420－424．

［58］乌家培，谢康，肖静华．信息经济学［M］．北京：高等教育出版社，2007．

［59］王爽英，童泽霞．我国农业信息化水平的测算及发展趋势研究［J］．农业现代化研究，2008，29（2）：216－218．

［60］王庶，岳希明．退耕还林、非农就业与农民增收——基于21省面板数据的双重差分分析［J］．经济研究，2017，52（4）：106－119．

［61］汪霞，钱小龙．高校课程结构调整与大学生就业：基于工作搜

寻理论的分析 [J]. 清华大学教育研究, 2012, 33 (3): 21 - 27.

[62] 西奥多·舒尔茨. 改造传统农业 [M]. 梁小民译. 北京: 商务印书馆, 2006.

[63] 许庆, 尹荣梁, 章辉. 规模经济、规模报酬与农业适度规模经营——基于我国粮食生产的实证研究 [J]. 经济研究, 2011, 46 (3): 59 - 71, 94.

[64] 夏振荣, 俞立平. 农村信息资源对农民收入贡献的实证研究 [J]. 情报杂志, 2010, 29 (7): 127 - 128.

[65] 许竹青, 郑风田, 陈洁. "数字鸿沟" 还是 "信息红利"? 信息的有效供给与农户的销售价格——一个微观角度的实证研究 [J]. 经济学季刊, 2013, 12 (3): 1513 - 1536.

[66] 杨诚. 我国农村信息化政策的演进与完善 [J]. 现代情报, 2009, 29 (3): 42 - 46.

[67] 姚洪心, 王喜意. 劳动力流动、教育水平、扶贫政策与农村收入差距——一个基于 multinomial logit 模型的微观实证研究 [J]. 管理世界, 2009 (9): 80 - 90.

[68] 于淑敏, 李鹏, 朱玉春. 我国农业信息化水平的测度及分析 [J]. 陕西农业科学, 2011, 57 (2): 171 - 173.

[69] 余力, 吴奇. "新常态" 下的短视频发展趋势 [J]. 中国广播影视, 2020 (6): 89 - 91.

[70] 尹宗成, 江激宇, 李冬嵬. 农业信息服务的全要素生产率增长效应分析 [C]. 中国四川成都, 2010: 5.

[71] 赵继海, 张松柏, 沈瑛. 农业信息化理论与实践 [M]. 北京: 中国农业科学技术出版社, 2002.

[72] 郑世林, 周黎安, 何维达. 电信基础设施与中国经济增长 [J]. 经济研究, 2014, 49 (5): 77 - 90.

[73] 周蕾, 温淑萍. 宁夏农业信息化发展水平评价指标体系的构建 [J]. 图书馆理论与实践, 2010 (6): 31 - 34.

[74] 张伦, 祝建华. 瓶颈效应还是马太效应? ——数字鸿沟指数演化的跨国比较分析 [J]. 科学与社会, 2013, 3 (3): 106–120.

[75] 张磊磊, 王华丽. 农业信息化与农民收入相关性研究——基于协整检验、格兰杰因果关系检验 [J]. 经济研究参考, 2015 (68): 92–96.

[76] 张学良. 中国交通基础设施促进了区域经济增长吗? ——兼论交通基础设施的空间溢出效应 [J]. 中国社会科学, 2012 (3): 60–77.

[77] 张勋, 刘晓光, 樊纲. 农业劳动力转移与家户储蓄率上升 [J]. 经济研究, 2014, 49 (4): 130–142.

[78] 张勇. 互联网发展对中国经济增长的影响研究 [D]. 合肥: 安徽大学硕士学位论文, 2014.

[79] 张孝远. 短视频平台对用户的剥削方式探析——以数字劳工理论为视角 [J]. 视听, 2021 (7): 132–134.

[80] 张羽. 移动短视频发展现状浅析 [J]. 经贸实践, 2018 (15): 314.

[81] 张永丽, 李青原. 互联网使用对贫困地区农户收入的影响——基于甘肃省贫困村农户的调查数据 [J]. 管理评论, 2022, 34 (1): 130–141, 204.

[82] 周洋, 华语音. 互联网与农村家庭创业——基于 CFPS 数据的实证分析 [J]. 农业技术经济, 2017 (5): 111–119.

[83] 朱秋博, 白军飞, 彭超, 朱晨. 信息化提升了农业生产率吗? [J]. 中国农村经济, 2019 (4): 22–40.

[84] 朱述斌, 熊飞雪, 朱兼. 互联网使用对农户收入的影响——基于社会资本的中介效应研究 [J]. 农林经济管理学报, 2022, 21 (5): 518–526.

[85] Ali A, Hussain T, Tantashutikun N, Hussain N, Cocetta G. Application of Smart Techniques, Internet of Things and Data Mining for Resource Use Efficient and Sustainable Crop Production [J]. Agriculture, 2023, 13: 397.

[86] Assuncao J J, Ghatak M. Can Unobserved Heterogeneity in Farmer

Ability Explain the Inverse Relationship between Farm Size and Productivity [J]. Economics Letters, 2003, 80 (2): 189 – 194.

[87] Aker J C. Does Digital Divide or Provide? The Impact of Cell Phones on Grain Markets in Niger [C]. Working Paper, Social Science Electronic Publishing, 2008, 154: 261 – 272.

[88] Aker J C. Information from Markets Near and Far: Mobile Phones and Agricultural Markets in Niger [J]. American Economic Journal: Applied Economics, 2010, 2 (3): 46 – 59.

[89] Aker J C, Mbiti I M. Mobile Phones and Economic Development in Africa [J]. Social Science Electronic Publishing, 2011, 24 (3): 207 – 232.

[90] Aker J C. Dial "A" for Agriculture: Using ICTs for Agricultural Extension in Developing Countries [J]. Agricultural Economics, 2011, 42 (6): 631 – 647.

[91] Aker J C, Clemens M A, Ksoll C. Mobiles and Mobility: The Effect of Mobile Phones on Migration in Niger [C]. Proceedings of the German Development Economics Conference, Berlin, 2011. Verein für Socialpolitik, Research Committee Development Economics, 2012: 735 – 765.

[92] Aker J C, Fafchamps M. Mobile Phone Coverage and Producer Markets: Evidence from West Africa [R]. Policy Research Working Paper, 2014.

[93] Aker J C, Blumenstock J E. The Economic Impacts of New Technologies in Africa [J]. The Oxford Handbook of Africa and Economics, 2015 (2): 354 – 371.

[94] Aker J C, Ksoll C. Can Mobile Phones Improve Agricultural Outcomes? Evidence from a Randomized Experiment in Niger [J]. Food Policy, 2016, 60: 44 – 51.

[95] Aker J C, Ghosh I, Burrell J. The Promise (and Pitfalls) of ICT for Agriculture Initiatives [J]. Agricultural Economics, 2016, 47 (S1): 35 – 48.

[96] Arrow K J, Kurz M. Optimal Growth with Irreversible Investment in a

Ramsey Model [J]. Econometrica, 1970, 38 (2): 331 – 344.

[97] Arrow K J, Borzekowski R. Limited Network Connections and the Distribution of Wages [J]. Finance and Economics Discussion, 2004.

[98] Attewell P. Information Technology and the Productivity Paradox [M] // Harris D H, ed. Understanding the Productivity Paradox. National Academy Press, 1994: 13 – 53.

[99] Adegbola P, Gardebroek C. The Effect of Information Sources on Technology Adoption and Modification Decisions [J]. Agricultural Economics, 2007, 37 (1): 55 – 65.

[100] Abraham R. Mobile Phones and Economic Development: Evidence from the Fishing Industry in India [J]. Information Technologies and International Development, 2007, 4 (1): 5 – 17.

[101] Aker J C, Fafchamps M. Mobile Phone Coverage and Producer Markets: Evidence from West Africa [C]. Policy Research Working Paper, 2014.

[102] Aker J C, Blumenstock J E. The Economic Impacts of New Technologies in Africa [J]. The Oxford Handbook of Africa and Economics, 2015 (2): 354 – 371.

[103] Aker J C, Ksoll C. Can Mobile Phones Improve Agricultural Outcomes? Evidence from a Randomized Experiment in Niger [J]. Food Policy, 2016, 60: 44 – 51.

[104] Aker J C, Ghosh I, Burrell J. The Promise (and Pitfalls) of ICT for Agriculture Initiatives [J]. Agricultural Economics, 2016, 47 (S1): 35 – 48.

[105] Arrow K J, Kurz M. Optimal Growth with Irreversible Investment in a Ramsey Model [J]. Econometrica, 1970, 38 (2): 331 – 344.

[106] Arrow K J, Borzekowski R. Limited Network Connections and the Distribution of Wages [J]. Finance and Economics Discussion, 2004.

[107] Attewell P. Information Technology and the Productivity Paradox [M] //D. H. Harris (eds) . Understanding the productivity paradox, National

Academy Press, 1994: 13 – 53.

[108] Adegbola P, Gardebroek C. The Effect of Information Sources on Technology Adoption and Modification Decisions [J]. Agricultural Economics, 2007, 37 (1): 55 – 65.

[109] Abraham R. Mobile Phones and Economic Development: Evidence from the Fishing Industry in india [J]. Information Technologies and International Development, 2007, 4 (1): 5 – 17.

[110] Aminuzzaman S, Baldersheim H, Jamil I. Talking Back! Empowerment and Mobile Phones in Rural Bangladesh: A Study of the Village Phone Scheme of Grameen Bank [J]. Contemporary South Asia, 2003, 12 (3): 327 – 348.

[111] Atroszko P A, Balcerowska J M, Bereznowski P, et al. Facebook Addiction among Polish Undergraduate Students: Validity of Measurement and Relationship with Personality and Well-being [J]. Computers in Human Behavior, 2018, 85: 329 – 338.

[112] Becker G S, Murphy K M. A Theory of Rational Addiction [J]. Journal of Political Economy, 1988, 96 (4): 675 – 700.

[113] Becker G S, Grossman M, Murphy K M. An Empirical Analysis of Cigarette Addiction [J]. American Economic Review, 1994, 84 (3): 396 – 418.

[114] Braghieri L, Levy R, Makarin A. Social Media and Mental Health [J]. American Economic Review, 2022, 112 (11): 3660 – 3693.

[115] Barr A, Oduro A. Ethnic Fractionalization in an African Labour Market [J]. Journal of Development Economics, 2002, 68 (2): 355 – 379.

[116] Bhavnani A, Chiu R W W, Janakiram S. The Role of Mobile Phones in Sustainable Rural Poverty Reduction [J]. ICT Policy Division Global Information and Communication Department, 2010.

[117] Banerjee B. Information Flow, Expectations and Job Search: Rural-to-urban Migration Process in India [J]. Journal of Development Economics,

1984, 15 (1 –3): 239.

[118] Banerjee B. The Determinants of Migrating with a Pre-arranged Job and of the Initial Duration of urban Unemployment: An Analysis Based on Indian Data on Rural-to-urban Migrants [J]. Journal of Development Economics, 1991, 36 (2): 337.

[119] Bizimana C, Nieuwoudt W L, Ferrer S R. Farm size, land Fragmentation and Economic Efficiency in Southern Rwanda [J]. Agrekon, 2004, 43 (2): 244 –262.

[120] Batzilis D, Dinkelman T, Oster E R, Thornton and D. Zanera, New cellular networks in Malawi: Correlates of service rollout and network performance [M]. African Successes, Volume III: Modernization and Development. University of Chicago Press, 2014: 215 –245.

[121] Brynjolfsson E. The Productivity Paradox of Information Technology [J]. Communications of the ACM, 1993, 36 (12): 66 –77.

[122] Brown J R, Goolsbee A. Does the Internet Make Markets More Competitive? Evidence from the Life Insurance Industry [C]. Nber Working Papers, 2000, 110 (3): 481 –507.

[123] Britz J J, Blignaut J N. Information Poverty and Social Justice [J]. South African Journal of Library and Information Science, 2001.

[124] Burrell J, Oreglia E. The Myth of Market Price Information: Mobile Phones and the Application of Economic Knowledge in ICTD [J]. Economy and Society, 2015, 44 (2): 271 –292.

[125] Burton M, Dan R, Young T. Modelling the Adoption of Organic Horticultural Technology in the UK Using Duration Analysis [J]. Australian Journal of Agricultural and Resource Economics, 2003, 47 (1): 29 –54.

[126] Baily N M. What has Happened to Productivity Growth? [J]. Science, 1986, 234 (4775): 443 –451.

[127] Barro R J. Government Spending in a Simple Model of Endogenous

Growth [J]. Journal of Political Economy, 1990, 98 (5): 103 – 126.

[128] Beck T, Levine R, Levkov A. Big Bad Banks? The Winners and Losers from Bank Deregulation in the United States [J]. Journal of Finance, 2010, 65 (5): 1637 – 1667.

[129] Baltagi H, Griffin J M. Rational Addiction to Alcohol: Panel Data Analysis of Liquor Consumption [J]. Health Economics, 2002, 11 (6): 485 – 491.

[130] Bai Y, Jia R. Elite Recruitment and Political Stability: The Impact of the Abolition of China's Civil Service Exam [J]. Econometrica, 2016, 84 (2): 677 – 733.

[131] Calvó-Armengol A, Jackson M O. The Effects of Social Networks on Employment and Inequality [J]. American Economic Review, 2004, 94 (3): 426 – 454.

[132] Cieślik A, Kaniewska M. Telecommunications Infrastructure and Regional Economic Development: The Case of Poland [J]. Regional Studies, 2004, 38 (6): 713 – 725.

[133] Camacho A, Conover E. The Impact of Receiving Price and Climate Information in the Agricultural Sector [C] // Working Paper, Documento CEDE No. 2010 – 40, 2010.

[134] Clark C, Gorski P. Multicultural Education and the Digital Divide: Focus on Socioeconomic Class Background [J]. Multicultural Pespectives, 2002, 4 (3): 25 – 36.

[135] Caves D W, Christensen L R. and W. E. Diewert. The Economic Theory of Index Numbers and the Measurement of Input, Output, and Productivity [J]. Econometrica: Journal of the Econometric Society, 1982, 50 (6): 1393 – 1414.

[136] Cronin F J, Parker E B, Colleran E K. Telecommunications Infrastructure and Economic Growth: An Analysis of Causality [J]. Telecommuni-

cations Policy, 1991, 15 (6): 529 – 535.

[137] Chen L D, Chen J N. The Role of the Media in the Construction of New Rural Areas [J]. Contemporary Communication, 2006 (3): 4 – 7.

[138] Casaburi L, Kremer M, Mullainathan S, Ramrattan R. Harnessing ICT to Increase Agricultural Production: Evidence from Kenya [C] // Harvard University, Cambridge, MA. 2014.

[139] Casaburi L, Kremer M. Management Information Systems and Firm Performance: Experimental Evidence from a Large Agribusiness Company in Kenya [C] // PEDL Research Note, 2016.

[140] Carr N G. IT Doesn't Matter [J]. Harvard Business Review, 2003, 81 (5): 41 – 49.

[141] Courtois P, J. Subervie, Farmer Bargaining Power and Market Information Services [J]. American Journal of Agricultural Economics, 2015, 97 (3): 953 – 977.

[142] Cole S A, Fernando A N. The Value of Advice: Evidence from Mobile Phone-Based Agricultural Extension [C] // Harvard Business School working Paper 13 – 047, 2012.

[143] Conley T G, Udry C R. Learning about a New Technology: Pineapple in Ghana [J]. American Economic Review, 2010, 100 (1): 35 – 69.

[144] Datta A, Agarwal S. Telecommunications and Economic Growth: A Panel Data Approach [J]. Applied Economics, 2004, 36 (15): 1649 – 1654.

[145] Donner J. The Use of Mobile Phones by Microentrepreneurs in Kigali, Rwanda: Changes to Social and Business Networks [J]. Information Technologies and International Development, 2006, 3 (2): 3 – 19.

[146] Ding L, Haynes K E, Liu Y. Telecommunications Infrastructure and Regional Income Convergence in China: Panel Data Approaches [J]. Annals of Regional Science, 2008, 42 (4): 843 – 861.

[147] Dewan S, Kraemer K L. International Dimensions of the Productivity

Paradox [J]. Communications of the ACM, 1998, 41 (8): 56 – 62.

[148] Démurger S. Infrastructure Development and Economic Growth: An Explanation for Regional Disparities in China? [J]. Journal of Comparative Economics, 2001, 29 (1): 95 – 117.

[149] Deng X L. Information Dissemination of New Media Environment [J]. Journal Editors, 2011 (2): 27 – 29.

[150] Estache A. On Latin America's Infrastructure Privatization and its Distributional Effects [C] // Working Paper, Social Science Electrionic Publishing, Available at SSRN 411942, 2003.

[151] Fox J, Morel J J. The Dark Side of Social Networking Sites: An Exploration of the Relational and Psychological Stressors Associated with Facebook Use and Affordances [J]. Computers in Human Behavior, 2015 (45): 168 – 176.

[152] Furuholt B, Kristiansen S. A Rural-urban Digital Divide? Regional Aspects of Internet use in Tanzania [J]. Ejisdc the Electronic Journal on Information Systems in Developing Countries, 2007, 31 (6): 1 – 15.

[153] Feng C F. The Role of Media Information Service on Increasing Rural Earnings [J]. Theory and Thinking, 2007 (6): 10 – 11.

[154] Farré L, Fasani F. Media Exposure and Internal Migration—Evidence from Indonesia [J]. Journal of Development Economics, 2013, 102 (326): 48 – 61.

[155] Farrell M J. The Measurement of Productive Efficiency [J]. Journal of the Royal Statistical Society, 1957, 120 (3): 253 – 281.

[156] Fong M. Digital W. Divide between Urban and Rural Regions in China [J]. The Electronic Journal of Information Systems in Developing Countries, 2009, 36 (6): 1 – 12.

[157] Futch M D, Mcintosh C T. Tracking the Introduction of the Village Phone Product in Rwanda [J]. Information Technologies and International Development, 2009, 5 (3): 54 – 81.

[158] Fafchamps M, Minten B. Impact of SMS-Based Agricultural Information on Indian Farmers [J]. World Bank Economic Review, 2012, 26 (3): 383 – 414.

[159] Gruber J, Koszegi B. Is Addiction "Rational"? Theory and Evidence [J]. The Quarterly Journal of Economics, 2001, 116 (4): 1261 – 1303.

[160] Griffiths M, Kuss D, Demetrovics Z. Social Networking Addiction: An Overview of Preliminary Findings [J]. Behavioral Addictions, 2014 (3): 110 – 141.

[161] Grossman M, Chaloupka F. The Demand for Cocaine by Young Adults: A Rational Addiction Approach [J]. Journal of Health Economics, 1998, 17 (4): 427 – 474.

[162] Goyal A. Information, Direct Access to Farmers, and Rural Market Performance in Central India [J]. American Economic Journal Applied Economics, 2010, 2 (3): 22 – 45.

[163] Granovetter M S. Getting A Job: A Study of Contacts and Careers [M]. Chicago: University of Chicago Press, 1995: 251.

[164] Genius M, Pantzios C J, Tzouvelekas V. Information Acquisition and Adoption of Organic Farming Practices [J]. Journal of Agricultural and Resource Economics, 2006, 31 (1): 93 – 113.

[165] Gandhi R, Veeraraghavan R. Toyama K, et al. Digital Green: Participatory Video and Mediated Instruction for Agricultural Extension [J]. Information Technologies and International Development, 2010, 5 (1): 1 – 15.

[166] Greene W. Reconsidering Heterogeneity in Panel Data Estimators of the Stochastic Frontier Model [J]. Journal of Econometrics, 2005, 126 (2): 269 – 303.

[167] Hardy A P. The Role of the Telephone in Economic Development [J]. Telecommunications Policy, 2011, 4 (4): 278 – 286.

[168] Ho C C, Tseng S F. From Digital Divide to Digital Inequality: The

Global Perspective [J]. International Journal of Internet and Enterprise Management, 2006, 4 (3): 215 – 227.

[169] Hulten C R, Bennathan E, Srinivasan S. Infrastructure, Externalities, and Economic Development: A Study of the Indian Manufacturing Industry [J]. World Bank Economic Review, 2006, 2 (2): 291 – 308.

[170] Heathfield D F, Wibe S. An Introduction to Cost and Production Functions, Macmillan Education Ltd, London, 1987.

[171] Hindman D B. The Rural-Urban Digital Divide [J]. Journalism and Mass Communication Quarterly, 2000, 77 (3): 549 – 560.

[172] Hanson G H, Mcintosh C. The Great Mexican Emigration [J]. Review of Economics and Statistics, 2010, 92 (4): 798 – 810.

[173] Hildebrandt N, Nyarko Y, Romagnoli G, Soldani E. Information is Power? Impact of an SMS-based Market Information System on Farmers in Ghana [C] // Working Paper, 2014, available at https: //editorialexpress. com/cgi-bin/conference/download. cgi?db_name = NASM2014&paper_id = 856.

[174] Haggblade S, Hazell P, Reardon T. The Rural Non-farm Economy: Prospects for Growth and Poverty Reduction [J]. World Development, 2010, 38 (10): 1429 – 1441.

[175] Imbens G W, Wooldridge J M. Recent Developments in the Econometrics of Program Evaluation [J]. Journal of Economic Literature, 2009, 47 (1): 5 – 86.

[176] Jensen R. The Digital Provide: Information (Technology), Market Performance, and Welfare in the South Indian Fisheries Sector [J]. Quarterly Journal of Economics, 2007, 122 (3): 879 – 924.

[177] Kumar D, Keniston K. IT Experience in India: Bridging the Digital Divide [M]. Sage Publications Ltd, 2004.

[178] Kajisa K. Personal Networks and Nonagricultural Employment: The Case of a Farming Village in the Philippines [J]. Economic Development and

Cultural Change, 2007, 55 (4): 669 – 707.

[179] Koenker R, Bassett G. Regression Quantiles [J]. Econometrica, 1978, 46 (1): 33 – 50.

[180] Kumbhakar S C, and Lovell C A K. Stochastic Frontier Analysis [M]. Cambridge: Cambridge University Press, 2003.

[181] Klonner S, Nolen P J. Cell Phones and Rural Labor Markets: Evidence from South Africa [C] // German Development Economics Conference, Hannover. Verein für Socialpolitik, Research Committee Development Economics, 2010.

[182] Kettinger W J, Grover V, Guha S, et al. Strategic Information Systems Revisited: A Study in Sustainability and Performance [J]. MIS Quarterly, 1994, 18 (1): 31 – 58.

[183] Larochelle C, Alwang J, Travis E, Barrera V H, Dominguez Andrade J M. Did you Really Get the Message? Using Text Reminders to Stimulate Adoption of Agricultural Technologies [J]. The Journal of Development Studies, 2019 (4): 548 – 564.

[184] Lichtenberg F R. The Output Contributions of Computer Equipment and Personnel: A Firm-Level Analysis [J]. Economics of Innovation and New Technology, 1995, 3 (3 – 4): 201 – 218.

[185] Labonne J, Chase R S. The Power of Information: The Impact of Mobile Phones on Farmers' Welfare in the Philippines [C] // The World Bank Working Paper Series, no. 4996. Washington DC: World Bank, 2009.

[186] Li L W, Jing F. Research on the Relationship Between the Internet and Economic Growth-Empirical Test Based on the Panel Data of 31 Provinces in China [J]. Journal of Beijing Technology and Business University, 2013 (5): 120 – 126.

[187] Lohr L, Salomonsson L. Conversion Subsidies for Organic Production: Results from Sweden and Lessons for the United States [J]. Agricultural

Economics, 2015, 22 (2): 133 –146.

[188] Lio M, Liu M C. ICT and Agricultural Productivity: Evidence from Cross-country Data [J]. Agricultural Economics, 2006, 34 (3): 221 –228.

[189] Lu Y, Xie H, Xu L C. Telecommunication Externality on Migration: Evidence from Chinese Villages [J]. China Economic Review, 2016, 39: 77 –90.

[190] Moqbel M, Kock N. Unveiling the Dark Side of Social Networking Sites: Personal and Work-related Consequences of Social Networking Site Addiction [J]. Information & Management, 2017, 55 (1): 109 –119.

[191] Mobilia P. Gambling as a Rational Addiction [J]. Journal of Gambling Studies, 1993, 9 (2): 121 –151.

[192] Maertens A, Barrett C B. Measuring Social Networks' Effects on Agricultural Technology Adoption [J]. American Journal of Agricultural Economics, 2013, 95 (2): 353 –359.

[193] Maiorano F, Stern J. Institutions and Telecommunications Infrastructure in Low and Middle-income Countries: The Case of Mobile Telephony [J]. Utilities Policy, 2007, 15 (3): 165 –181.

[194] Madden G, Savage S J. Telecommunications and Economic Growth [J]. International Journal of Social Economics, 2000 (7): 893 –906.

[195] McCall J J. Economics of Information and Job Search [J]. Quarterly Journal of Economics, 1970, 84 (1): 113 –126.

[196] Montgomery J D. Job Search and Network Composition: Implications of the Strength-Of-Weak-Ties Hypothesis [J]. American Sociological Review, 1992, 57 (5): 586 –596.

[197] Munshi K. Networks in the Modern Economy: Mexican Migrants in the U. S. Labor Market [J]. Quaterly Journal of Economics, 2003, 118 (2): 549 –599.

[198] Muto M, Yamano T. The Impact of Mobile Phone Coverage Expan-

sion on Market Participation: Panel Data Evidence from Uganda [J]. World Development, 2009, 37 (12): 1887 – 1896.

[199] Muto M. The Impacts of Mobile Phones and Personal Networks on Rural-to-Urban Migration: Evidence from Uganda [J]. Journal of African Economies, 2012, 21 (5): 787 – 807.

[200] Mittal N, Nault B R. Research Note——Investments in Information Technology: Indirect Effects and Information Technology Intensity [J]. Information Systems Research, 2009, 20 (1): 140 – 154.

[201] Moreno R, López-Bazo E, Artís M. Public Infrastructure and the Performance of Manufacturing Industries: Short-and Long-run Effects [J]. Regional Science and Urban Economics, 2002, 32 (1): 97 – 121.

[202] Mittal S, Gandhi S, Tripathi G. Socio-Economic Impact of Mobile Phones on Indian Agriculture [C] // East Asian Bureau of Economic Research, Working Paper (No. 246), 2010.

[203] Mitra S, Mookherjee D, Torero M, Visaria S. Asymmetric Information and Middleman Margins: An Experiment with Indian Potato Farmers. HKUST IEMS Working Paper Series 2015 – 29, HKUST Institute for Emerging Market Studies, Hong Kong, 2015.

[204] Ma W, Ma C, Su Y, et al. Organic Farming: Does Acquisition of the Farming Information Influence Chinese Apple Farmers' Willingness to Adopt? [J]. China Agricultural Economic Review, 2017, 9 (4): 14 – 15.

[205] Ma W, Qiu H, Rahut D. B. Rural Development in the Digital Age: Does Information and Communication Technology Adoption Contribute to Credit Access and Income Growth in Rural China? [J]. Review of Development Economics, 2023, 27 (3): 1421 – 1444.

[206] Ma W, Wang X. Internet use, Sustainable Agricultural Practices and Rural Incomes: Evidence from China [J]. Australian Journal of Agricultural and Resource Economics, 2020, 64: 1087 – 1112.

［207］ Meng X, Qianand N, Yared P. The Institutional Causes of China's Great Famine, 1959 – 1961 ［J］. Review of Economic Studies, 2015, 82 (4): 1568 – 1611.

［208］ Nakasone E, Torero M, Minten B. The Power of Information: The ICT Revolution in Agricultural Development ［J］. Annual Review of Resource Economics, 2014, 6 (1): 533 – 550.

［209］ Norton S W. Transaction Costs, Telecommunications, and the Microeconomics of Macroeconomic Growth ［J］. Economic Development and Cultural Change, 1992, 41 (1): 175 – 196.

［210］ Olekalns N, Bardsley P. Rational Addiction to Caffeine: An Analysis of Coffee Consumption ［J］. Journal of Political Economy, 1996, 104 (5): 1100 – 1104.

［211］ Otsuka K J P. Estudillo and Y. Sawada, Rural Poverty and Income Dynamics in Asia and Africa ［M］. Routledge, 2008.

［212］ Ogutu S O, Okello J J, Otieno D J. Impact of Information and Communication Technology-based Market Information Services on Smallholder Farm Input Use and Productivity: The Case of Kenya ［J］. World Development, 2014, 64 (64): 311 – 321.

［213］ Rehman A, Radulescu M, Ahmad F. , et al. Investigating the Asymmetrical Influence of Foreign Direct Investment, Remittances, Reserves, and Information and Communication Technology on Pakistan's Economic Development ［J］. Economic research-Ekonomska istraživanja, 2023, 36 (2).

［214］ Rang C, Ma Z. Review of the New Media and Traditional Media Development in 2009 ［J］. Modern Audio-visual, 2010 (1): 12 – 16.

［215］ Pilat D. The ICT Productivity Paradox ［J］. OECD Economic Studies, 2004 (1): 37 – 65.

［216］ Reinganum J F. A Simple Model of Price Dispersion ［J］. Journal of Political Economy, 1979, 87 (4): 851 – 858.

［217］Richmond K, Triplett R E. ICT and Income Inequality: A Cross-national Perspective ［J］. International Review of Applied Economics, 2018, 32: 195 – 214.

［218］Röller L H, Waverman L. Telecommunications Infrastructure and Economic Development: A Simultaneous Approach ［J］. American Economic Review, 2001, 91 (4): 909 – 923.

［219］Paul S, Balbir S, Biswal B P. Public Infrastructure and the Productive Performance of Canadian Manufacturing Industries ［J］. Southern Economic Journal, 2004, 70 (4): 998 – 1011.

［220］Shao B B M, Lin W T. Measuring the Value of Information Technology in Technical Efficiency with Stochastic Production Frontiers ［J］. Information and Software Technology, 2001, 43 (7): 447 – 456.

［221］Stigler G J. The Economics of Information ［J］. Journal of Political Economy, 1961, 69 (3): 213 – 225.

［222］Svensson J, Yanagizawa D. Getting Priced Right: the Impact of the Market Information Service in Uganda ［J］. Journal of the European Economic Association, 2009 (2 – 3): 435 – 445.

［223］Stanley M S, Roach S. America's Technology Dilemma: A Profile of the Information Economy ［M］. New York: Morgan Stanley, 1987.

［224］Solow R M. We'd Better Watch Out ［J］. New York Times Book Review, 1987, 36.

［225］Steeneveld W, Hogeveen H, Lansink A G J MO. Economic Consequences of Investing in Sensor Systems on Dairy Farms ［J］. Computers and Electronics in Agriculture, 2015, 119: 33 – 39.

［226］Tack J, Aker J C. Information, Mobile Telephony, and Traders' Search Behavior in Niger ［J］. American Journal of Agricultural Economics, 2014, 96 (5): 1439 – 1454.

［227］Thuo M, Bell A A, Bravo-Ureta B E, Lachaud M A, Okello D

K, Okoko E N, Kidula N L, Deom C M, Puppala N. Effects of Social Network Factors on Information Acquisition and Adoption of Improved Groundnut Varieties: The Case of Uganda and Kenya [J]. Agriculture and Human Values, 2014, 30 (3): 11 – 21.

[228] Waverman L, Meschi M, Fuss M. The Impact of Telecoms on Economic Growth in Developing Countries [C] // The Vodafone policy paper series, 2005 (3): 10 – 24.

[229] Winters P, Janvry A D, Sadoulet E. Family and Community Networks in Mexico-U. S. Migration [J]. Journal of Human Resources, 2001, 36 (1): 159 – 184.

[230] Wang X, Wang X, Huang Y, Zheng S. Risk Smoothing and Digital Financial Inclusion: Evidence from China's Digital Finance Revolution [C] // Working Paper, National School of Development, Peking University, 2019.

[231] Wolde Rufael Y. Another Look at the Relationship Between Telecommunications Investment and Economic Activity in the United States [J]. International Economic Journal, 2007, 21 (2): 199 – 205.

[232] Wang X, Zhao S, Zhang M X. Life History Strategies and Problematic Use of Short' form Video Applications [J]. Evolutionary Psychological Science, 2020, 7 (1): 39 – 44.

[233] Yamauchi F, Tanabe S. Nonmarket Networks among Migrants: Evidence from Metropolitan Bangkok, Thailand [J]. Journal of Population Economics, 2008, 21 (3): 649 – 664.

[234] Yoo S H, Kwak S J. Information Technology and Economic Development in Korea: A Causality Study [J]. International Journal of Technology Management, 2004, 27 (1): 57 – 67.

[235] Zhou D, Li Q. How the New Media Impacts Rural Development in China: An Empirical Study [J]. China Agricultural Economic Review, 2017,

9 (2): 238 - 254.

[236] Zhu Q, van der Voort M, Ren G, Bai J. Impact of Information and Communication Technologies on Fertilizer and Pesticide Use Efficiency of China's Grain Production [J]. Review of Development Economics, 2023, 27: 2331 - 2356.

[237] Zheng H, Ma W. Smartphone-based Information Acquisition and Wheat Farm Performance: Insights from a Doubly Robust IPWRA [J]. Electronic Commerce Research, 2021: 1 - 26.

[238] Zheng H, Ma W, Wang F, Li G. Does Internet Use Improve Technical Efficiency of Banana Production in China? [J]. Evidence from a Selectivity-Corrected Analysis. Food Policy, 2021, 102: 102044.

[239] Zhang X, Wu Y, Liu S. Exploring Short-form Video Application Addiction: Socio-technical and Attachment Perspectives [J]. Telematics and Informatics, 2019, 42 (9): 101243. 1 - 101243. 15.